O Grande Livro de Jogos de Vendas

Atividades Rápidas e Divertidas para Melhorar Habilidades de Vendas ou para Animar uma Reunião de Vendas

Motive-se ou motive seu pessoal de vendas! Pratique a construção de entendimento, vendas de maior número de produtos por pedido *(upselling)*, a superação de objeções e mais.

Tradução
Carlos Henrique Trieschmann

O Grande Livro de Jogos de Vendas

Atividades Rápidas e Divertidas para Melhorar Habilidades de Vendas ou para Animar uma Reunião de Vendas

Motive-se ou motive seu pessoal de vendas! Pratique a construção de entendimento, vendas de maior número de produtos por pedido *(upselling)*, a superação de objeções e mais.

Peggy Carlaw
Vasudha Kathleen Deming

QUALITYMARK

Copyright© 1999 by The McGraw-Hill Companies, Inc.

Tradução autorizada do original em inglês The Big Book of Sales Games, publicado pela McGraw-Hill. Todos os direitos reservados.

Copyright© 2003 by Qualitymark Editora Ltda.

Todos os direitos desta edição reservados à Qualitymark Editora Ltda. É proibida a duplicação ou reprodução deste volume, ou parte do mesmo, sob qualquer meio, sem autorização expressa da Editora.

Direção Editorial SAIDUL RAHMAN MAHOMED editor@qualitymark.com.br	Produção Editorial EQUIPE QUALITYMARK
Capa WILSON COTRIM	Editoração Eletrônica MS EDITORAÇÃO ELETRÔNICA
Ilustrador PETE McMAHON	1ª Edição: 2003 1ª Reimpressão: 2005 2ª Reimpressão: 2007

CIP-Brasil. Catalogação-na-fonte
Sindicato Nacional dos Editores de Livros, RJ

C281g
    Carlaw, Peggy
    O grande livro de jogos de vendas: atividades rápidas e divertidas para melhorar habilidades de vendas ou para animar uma reunião de vendas/Peggy Carlaw, Vasudha Kathleen Deming; tradução Carlos Henrique Trieschmann. – Rio de Janeiro: Qualitymark, 2003.
    240p.
    Tradução de: The big book of sales games

    1. Vendas. 2. Vendedores – Treinamento. 3. Jogos (Administração)
    I. Deming, Vasuda Kathleen. II. Título.

03-1429
    CDD: 658.85
    CDU: 658-81

2007
IMPRESSO NO BRASIL

Qualitymark Editora Ltda.
Rua Teixeira Júnior, 441 - São Cristóvão
20921-400 – Rio de Janeiro – RJ
Tel.: (0xx21) 3860-8422
ou (0xx21) 3094-8400

Fax: (0XX21) 3094-8424
www.qualitymark.com.br
E-Mail: quality@qualitymark.com.br
QualityPhone: 0800-263311

Sumário

Introdução .... **I**

Capítulo 1. Começa de Dentro **7**
Atividades para Você se Automotivar ou Motivar sua equipe

As Maiores Histórias de Vendas Já Contadas   9
Vendedores contam suas histórias de vendas favoritas e identificam o que fizeram bem e os efeitos que esses esforços tiveram sobre o cliente.

Poder de Venda Pessoal   11
Vendedores examinam habilidades que são essenciais para o papel de vendas e avaliam sua própria competência em cada habilidade. Eles, então, criam planos de ação para melhorias.

Missão Possível   17
Vendedores lêem várias declarações de missão e, então, seguem diretrizes passo a passo para redigirem sua própria declaração específica a seu trabalho como vendedores.

Escreva uma Carta a Si Mesmo   21
Vendedores escrevem cartas a si mesmos vindas de um cliente fictício que enfatizam três aspectos de seu comportamento ou atitudes que causaram uma impressão positiva no cliente.

Vendedor do Ano   25
O vendedor visualiza e planeja a cerimônia de premiação a ser realizada em sua honra como resultado de ter sido nomeado vendedor do ano.

Capítulo 2. O Que Você Sabe? **27**
Jogos para Melhorar Conhecimento de Produto

    Quiz de Conhecimento de Produto   29

    Vendedores fazem um jogo similar a Jeopardy! para testar seu conhecimento de produto.

    E Daí?   31

    Vendedores redigem um atributo de produto no topo de uma ficha. A ficha é passada pela roda e cada pessoa acrescenta um benefício que corresponda ao atributo.

    Pense de Pé!   33

    O facilitador joga uma bola para um vendedor ao mesmo tempo em que diz um atributo de produto em voz alta. O vendedor deve responder com um benefício.

Capítulo 3. Antes de Dizer Oi **35**
Atividades para Preparação de Visitas de Vendas

    Quem, O Quê, Onde, Quando, Por Quê?   37

    Com o objetivo de marcar uma visita de vendas, vendedores respondem a essas perguntas para contas potenciais: Quem eu quero visitar? Qual o meu objetivo? Onde e quando quero fazer a visita? Por que quero visitá-lo?

    OQEGCI (O Que Eu Ganho com Isso?   41

    Vendedores se colocam no lugar de seus clientes e perguntam: "O que eu ganho com isso?"

    Superdetetive   43

    Vendedores fazem brainstorming para obter as informações de que necessitam sobre uma empresa antes de fazer uma visita de vendas e sobre fontes potenciais para a obtenção dessas informações.

    Acertando o Alvo   45

    Vendedores competem em equipes para identificar objetivos de visitas que atendem os critérios para levar uma venda adiante.

    Você Está com Ótima Aparência!   51

    Vendedores examinam ilustrações para determinar a importância de postura e aparência para adicionar significado à comunicação.

Capítulo 4. Conhecendo Você **55**
Jogos para Construção de Rapport com Clientes

Melhoria de Alfabeto   57

Vendedores praticam habilidades de conversação e de construção de rapport em conversas espontâneas, nas quais cada afirmação começa com uma determinada letra do alfabeto.

Rapport Oculto   59

Vendedores trabalham em um quebra-cabeças para descobrir uma série de técnicas para a construção de rapport com clientes.

Jogando Conversa Fora   63

Estudando ilustrações de "clientes" e desenvolvendo declarações que podem usar em conversas, vendedores aprendem a descobrir pistas de clientes que podem ajudá-los a criar um forte rapport.

Bem, Se Ele Consegue Fazer...   67

Vendedores lêem um estudo de caso de uma visita de vendas e identificam o que o vendedor fez para construir um forte rapport com o cliente.

Cada um na Sua   71

Vendedores examinam suas próprias preferências para interações de negócios e as comparam com as preferências de seus clientes.

Capítulo 5. Tiro ao Alvo **75**
Jogos para Identificação de Necessidades do Comprador

O Cliente de um Minuto   77

Vendedores recebem informações sobre clientes fictícios e trabalham em equipes para fazer brainstorming de quantas necessidades de clientes que puderem em um minuto.

Arquitetos Amadores   79

Vendedores praticam suas habilidades de questionamento trabalhando em pares para alternativamente desenhar e descrever casas.

Do Que o Mundo Precisa Agora   87

Vendedores identificam meios pelos quais seu produto ou serviço contribui para necessidades universais como paz de espírito.

Capítulo 6. O Que Você Está Dizendo? **91**
Jogos que Melhoram Habilidades de Ouvir

    Sou Todo Ouvidos   93
    Vendedores avaliam suas habilidades de ouvir.

    O Quiz de Ouvir   97
    Vendedores ouvem declarações (ex.: uma lista de cinco estados) e depois são questionados para testar sua compreensão (ex.: qual começa com "S").

    Quer Dizer Que o Que Você Está Dizendo É...   101
    Vendedores praticam a confirmação de sua compreensão de informações-chave a partir de declarações que lhes são lidas.

    Sentimentos   105
    Vendedores identificam sentimentos comuns de clientes e desenvolvem formas de levá-los em consideração durante apresentações de vendas.

Capítulo 7. Ele Fatia, Ele Pica! **107**
Jogos para Sucesso em Apresentações

    O Que Quero Dizer É...   109
    Participantes focam na identificação de palavras e termos que qualificam como jargão ou gíria que um cliente pode não entender.

    Brincando com o Sucesso   115
    O facilitador traz uma caixa de brinquedos para a sala. Vendedores selecionam um brinquedo para vender e desenvolver uma apresentação de produto que será feita para o grupo.

    Cores   117
    Vendedores se revezam apresentando cores e tentando persuadir compradores que escolham a cor que estão apresentando.

    Quando Você Precisa Dizer Não   121
    Vendedores aprendem o que dizer e fazer quando estão negando solicitações de clientes.

    Vestidos para o Sucesso   131
    Vendedores examinam ilustrações para determinar a importância da aparência para adicionar significado à comunicação.

Capítulo 8.   Soluções de Vendas **135**
Jogos para Solução de Problemas

Ingresso para o Sucesso   137
Cada vendedor traz uma ficha com um problema de vendas atual escrito na parte superior. As fichas são circuladas e cada vendedor escreve uma solução na ficha.

O Grande Debate de Vendas   141
Duas equipes debatem uma com a outra para determinar a melhor solução para uma situação difícil de vendas.

Caça-problemas   145
Vendedores praticam o desenvolvimento de soluções alternativas para problemas comuns.

A Conta Perdida   149
Vendedores imaginam que perderam sua melhor conta e devem encontrar um meio de reavê-la. Após listarem todos os passos que empreenderão, verificam para terem certeza de que estão seguindo todos esses passos agora, para manterem a conta.

Capítulo 9.   O Grande Final! **153**
Jogos para Encerramento e para Lidar com Objeções

Implore pelo Seu Jantar   155
Vendedores escrevem uma canção ou um jingle anunciando seu produto e implorando a venda aos compradores.

Objeção!   159
Um vendedor sorteia uma objeção à venda e a revela ao grupo. Equipes participantes competem para responder à objeção.

Equilibrando a Balança   163
Vendedores colocam uma pedra (objeção) de um lado de um recorte de balança e trabalham como grupo para adicionar peças de ouro (maneiras de superar a objeção) do outro lado da balança para equilibrá-la novamente.

Custa Quanto?   167
Vendedores praticam a superação de objeções de preço para produtos do dia-a-dia.

Capítulo 10. Não É Só Isso! **171**
Jogos para Vendas Verticais e Vendas Horizontais

Não é Apenas uma Fruta   173

Vendedores aprendem a realizar vendas cruzadas ou vendas de substitutos descrevendo os atributos e benefícios de "produtos" comuns, como bananas.

Parcerias de Produtos   177

Vendedores recebem produtos que os representam e se misturam uns com os outros para estabelecer "parcerias" de produtos.

E Por Falar Nisso...   181

Vendedores trabalham em grupos para desenvolver declarações de "upselling" para diferentes cenários.

Você Quer Fritas com Seu Hambúrguer?   185

Vendedores trabalham em grupos para desenvolver declarações de vendas cruzadas para cenários diferentes.

A Dúzia é Mais Barata   189

Olhando para uma variedade de produtos, vendedores identificam a vantagem para clientes na compra de quantidades maiores.

Capítulo 11. A Ortografia Conta **193**
Atividades para Excelência em Comunicação nos Bastidores

Onde Está Whally?   195

Vendedores recebem uma carta repleta de erros gramaticais comuns e devem identificar e corrigir quantos puderem.

Curto, Gentil e Objetivo   201

Vendedores retrabalham afirmações prolixas para a obtenção de benefícios de vendas mais concisos.

Perguntas Comuns   205

Vendedores aprendem a redigir ou falar com clareza de forma concisa sobre seu produto respondendo a seis perguntas básicas.

Capítulo 12. Entre! 209
Jogos para Melhorar Vendas no Varejo

Se Pudesse Fazer Alguma Coisa   211
Pares competem em um concurso simulado para oferecer idéias para a promoção de seus produtos e para o deleite de clientes.

Entre!   215
Vendedores jogam uma bola de um para outro à medida que oferecem diferentes maneiras de cumprimentar e abordar clientes.

Aqui se Fala Serviço   217
Vendedores fazem brainstorming e busca de idéias criativas para servir seus clientes.

Torne a Coisa Pessoal   219
Vendedores usam as letras de seus nomes para incentivar idéias para serviço criativo a clientes.

Introdução

Para ser um vendedor bem-sucedido, é preciso dominar uma série de habilidades: capacidade de ouvir, questionamento, apresentação, superação de objeções, construção de *rapport* etc. Também não é prejudicial ter intuição infalível, otimismo inabalável e uma pele mais grossa que o habitual.

Mas, em nossa opinião, a "habilidade" mais importante exibida por um bom vendedor é uma verdadeira disposição de servir aos clientes; de se adaptar às suas necessidades; solucionar seus problemas; informá-los, esclarecê-los ou eliminar seus fardos.

Com este livro, esforçamo-nos para dar a você uma maneira de ajudar seu pessoal de vendas a abraçar essa ética de serviço e a colocá-la para funcionar de forma consistente.

Os jogos no livro são atividades divertidas e motivacionais, centradas em torno da aprendizagem e da utilização de habilidades. Constroem confiança, levantam o moral, centelham o entusiasmo, estimulam a criatividade e acabam por alcançar resultados no ambiente de vendas em tempo real. Temos consistentemente verificado que o pessoal de vendas gosta desses jogos e torna-se totalmente imerso enquanto joga. Você poderá ficar surpreso com quais membros de sua equipe de vendas se animam quando chega a hora de jogar!

Os jogos são projetados para serem ministrados por qualquer um que gerencie, supervisione ou treine pessoal de vendas. Muitos podem ser adaptados para uso individual por pessoas de vendas (refira-se à seção "Se Estiver por Conta Própria"). São para serem jogados por qualquer pessoa, em qualquer setor industrial, que ocupe um cargo de vendas: executivos de contas, representantes de campo, pessoal de telemarketing, pessoal de vendas a varejo etc.

Alguns dos jogos são energizadores rápidos e divertidos que servem para aumentar a consciência dos participantes em relação a questões de vendas. Outros são atividades em escala plena que ensinam uma habilidade e oferecem aos participantes a oportunidade de praticarem a habilidade em um ambiente informal e não-ameaçador. Há várias maneiras de utilizar os jogos: como atividades de treinamento isoladas, como aquecimento para uma sessão de treinamento mais intensa ou em combinação uns com os outros para constituir um evento abrangente de treinamento em vendas.

Alternativamente, você pode usar esses jogos com duração de dez a trinta minutos em suas reuniões de staff, grupos de discussão das sextas à tarde, almoços no escritório e em qualquer outro lugar que desejar. Nem precisa dizer aos participantes que se trata de "treinamento"!

Os jogos não apenas motivarão seu pessoal de vendas a desempenharem melhor seu trabalho, mas também o inspirarão a oferecer um nível de serviço que trará um novo significado e uma nova motivação a seu trabalho. Por sua vez, seu sucesso ajudará sua organização a prosperar – tanto em sua qualidade de vida quanto em seu volume de vendas.

Como Utilizar este Livro

O livro contém 50 jogos – longos e curtos, simples e complexos – que abordam 12 categorias diferentes de vendas. Esforçamo-nos para tornar os jogos diretos e fáceis de acompanhar. A seguir, estão nossos conselhos para tirar o máximo deste livro e de seu pessoal de vendas.

Dicas para o Sucesso

- Prepare-se para sua sessão de treinamento cuidadosamente repassando cada jogo antecipadamente. Quanto melhor compreender o objetivo, o fluxo e o tom de cada jogo, maior será o sucesso do treinamento.

- Tenha em mente que são jogos. Se mantiver uma abordagem divertida e entusiasmada, verá que os participantes também se sentirão à vontade e motivados para compartilhar.

- Sempre que possível, traga alguns exemplos de problemas e situações em tempo real que tenha observado em sua organização. Isso ajudará os participantes a transferirem a aprendizagem a seus ambientes de trabalho.

- Desempenhe o papel de facilitador em vez do de professor. A aprendizagem mais eficaz ocorre quando você orienta os participantes e eles fazem a descoberta.

- Adapte os jogos ao clima e à cultura nos quais seus funcionários trabalham. Se responderem bem a recompensas, ofereça doces, certificados de compra ou outras pequenas recompensas ao final de cada jogo. Se puder confiar em seu pessoal de vendas para participar em competição com espírito de diversão (em contraste com batalhas acaloradas), vá em frente e transforme os jogos em competições. Cada grupo pode escolher um nome de equipe e mostrar seu espírito de equipe batendo palmas, torcendo etc.

- Exceto por algum material de auxílio, nós lhe demos tudo que precisa para facilitar esses jogos com sucesso. Não obstante, encorajamos-lhe a ser criativo ao expandir os jogos da forma que os torne significativos para os participantes.

- Todos os jogos se prestam à discussão e avaliação adicionais. Aproveite aquilo que os participantes aprenderam com uma avaliação do jogo, da criação de auxílios de trabalho ou do estabelecimento de um plano de jogo para prática e avaliação continuadas.

Se Estiver por Conta Própria

Logo após termos começado a desenvolver este livro, ocorreu-nos que muitos dos jogos poderiam ser eficazes sem um cenário de grupo. Embora parecesse um tanto estranho pensar que um vendedor pudesse jogar um "jogo" sozinho, percebemos que muitos dos jogos nada mais são do que exercícios de melhoria de habilidades em formato de jogos. Assim, por extensão, parece que este livro também pode ser utilizado como caderno de exercícios para pessoas de vendas automotivadas em qualquer área.

A seguir, indicamos os jogos que consideramos oferecerem aprendizagem valiosa mesmo que você esteja "jogando" por conta própria. No final de cada uma dessas atividades, você encontrará o título "Se Estiver por Conta Própria".

As informações sob este título lhe orientarão na adaptação do jogo para uso individual.

- Poder de Venda Pessoal, 11
- Missão Possível, 17
- Escreva uma Carta a Si Mesmo, 21
- Vendedor do Ano, 25
- Quem, O Quê, Onde, Quando, Por Quê?, 37
- OQEGCI (O Que Eu Ganho com Isso?), 41
- Acertando o Alvo, 45
- Você Está com Ótima Aparência!, 51
- *Rapport* Oculto, 59
- Jogando Conversa Fora, 63
- Do Que o Mundo Precisa Agora, 87
- Sou Todo Ouvidos, 93
- O Quiz de Ouvir, 97
- Quer Dizer Que o Que Você Está Dizendo É..., 101
- Sentimentos, 105
- O Que Quero Dizer É..., 109
- Quando Você Precisa Dizer Não, 121
- Vestidos para o Sucesso, 131
- Ingresso para o Sucesso, 137
- Caça-problemas, 145
- A Conta Perdida, 149
- Equilibrando a Balança, 163
- Custa Quanto?, 167
- Não é Apenas uma Fruta, 173
- Parcerias de Produtos, 177
- E Por Falar Nisso..., 181
- Você Quer Fritas com Seu Hambúrguer?, 185
- A Dúzia é Mais Barata, 189
- Onde Está Whally?, 195
- Curto, Gentil e Objetivo, 201
- Perguntas Comuns, 205
- Se Pudesse Fazer Alguma Coisa, 211
- Entre!, 215
- Aqui se Fala Serviço, 217
- Torne a Coisa Pessoal, 219

Começa de Dentro

Atividades para Você se Automotivar ou Motivar sua Equipe

As Maiores Histórias de Vendas Já Contadas

Em Resumo

Nesta atividade positiva, vendedores contam suas histórias de vendas favoritas e identificam o que fizeram bem e o efeito que esses esforços tiveram sobre o cliente.

A atividade é apropriada para novos contratados além de para veteranos experientes e é especialmente útil quando vendedores necessitam de alguma motivação.

Tempo

De 10 a 15 minutos.

O Que é Necessário

Um certificado ou "prêmio" divertido para cada vendedor.

O Que Fazer

Peça aos vendedores que pensem em sua maior realização em vendas até hoje. Pode ser sua maior venda ou mesmo uma pequena venda que tenha sido especialmente desafiadora.

Após um curto período de tempo, peça aos vendedores que tomem mais alguns minutos para identificar o que, especificamente, fizeram que tornou esta sua maior realização em vendas e qual o efeito que esses esforços tiveram sobre o cliente.

Peça a cada participante que fique de pé e conte ao grupo sobre sua maior façanha. Dê a cada vendedor um "prêmio" em reconhecimento de sua realização.

Poder de Venda Pessoal

Em Resumo

Nessa atividade, vendedores examinam habilidades essenciais para o papel de vendas, avaliam sua própria competência em cada habilidade e desenvolvem um plano de ação para melhorar sua habilidade.

Essa atividade ajuda os funcionários novos a compreenderem os ativos possuídos por representantes de vendas de primeira linha e oferece a todos uma oportunidade para avaliarem seus ativos e suas oportunidades para melhoria.

Tempo

De 10 a 15 minutos.

O Que é Necessário

Uma cópia das folhas nas páginas 13 a 15 para cada participante.

O Que Fazer

Distribua as folhas nas páginas 13 e 14. Dê aos participantes de cinco a dez minutos para que concluam a atividade.

Então, distribua a folha da página 15 e peça a cada participante que desenvolva um plano de ação para melhorar duas habilidades.

Se Tiver Mais Tempo

Faça mais uma cópia da Folha de Plano de Ação na página 15. Divida os participantes em pares. Cada participante escreverá as habilidades que deseja melhorar na Folha de Plano de Ação na linha intitulada "Suas Habilidades". Os participantes, então, trocarão suas folhas com as de seus parceiros.

Cada participante criará um plano de ação para ajudar seu parceiro a se tornar uma Super-estrela nas áreas listadas na folha. Permita cinco minutos para essa atividade.

Após cinco minutos, peça aos participantes que troquem seus planos de ação e permita alguns minutos para que examinem os planos.

Peça aos participantes que reavaliem seus planos de ação de tempos em tempos para melhorarem seu desempenho em cada habilidade.

Se Estiver por Conta Própria

Examine a folha na página 13 e preencha a da página 14. Desenvolva um plano de ação para melhorar duas habilidades conforme a página 15. Reveja seus planos de ação diariamente ou semanalmente.

Ativos de Poder de Venda Pessoal

Quer planeje passar uma carreira em vendas para a vida toda, quer veja seu trabalho atual como degrau para outra coisa, as habilidades que você usa para servir seus clientes e fazer uma venda serão ativos em qualquer área que escolher. Além do mais, uma boa atitude é a chave para o sucesso em qualquer lugar, a qualquer tempo. Vendedores que se destacam em sua área de trabalho são:

- Amistosos
- Rápidos
- Eficientes
- Ansiosos por agradar
- Conhecedores
- Otimistas
- Esforçados
- Atenciosos
- Criativamente úteis
- Empáticos
- Têm postura
- Positivos
- Honestos e justos
- Orientados para soluções
- Capazes de compreender as solicitações de clientes

Esses representantes de vendas sempre:

- Ouvem com atenção.
- Mantêm uma atitude positiva.
- Agem com integridade.
- Compreendem inteiramente os atributos e benefícios de seu produto.
- Evitam termos técnicos ou palavras rebuscadas.
- Dão aos clientes uma sensação de confiança neles, nas informações que oferecem e na empresa.
- Fazem com que cada cliente se sinta importante.
- Atendem as necessidades dos clientes.
- Pedem a venda.

Ativos e Oportunidades

Embora você possa ser naturalmente mais forte em algumas áreas do que em outras, seu trabalho lhe oferece a oportunidade de dominar cada um dos Ativos de Poder de Venda Pessoal.

Leia a lista de ativos novamente e coloque cada item no gráfico abaixo de acordo com sua eficácia. Seja honesto. Ninguém está olhando.

 **De Volta à Escola** Se você precisa de melhoria considerável em uma habilidade, anote-a nesta linha.	
 **Altos e Baixos** Se sua eficácia for mediana em uma habilidade, anote-a aqui.	
 **Uma Super-estrela** Anote suas melhores habilidades, os ativos que traz ao seu trabalho, nesta linha.	

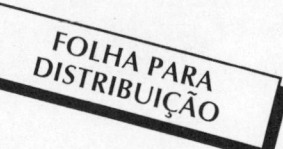

Folha de Plano de Ação

Sua habilidade: _____

Seu plano de ação: _____
_____
_____
_____
_____
_____
_____
_____
_____

Sua habilidade: _____

Seu plano de ação: _____
_____
_____
_____
_____
_____
_____
_____
_____

Missão Possível

Em Resumo

Nesta atividade, os participantes criam uma declaração de missão para si mesmos ou para sua equipe de vendas. Esta atividade é ideal para a injeção de um alto nível de entusiasmo e para trazer um novo senso de significado para o trabalho.

Tempo

De 20 a 25 minutos.

O Que é Necessário

Cópias de sua declaração de missão corporativa, se houver, ou cópias de declarações de missão de outras empresas que você considere inspiradoras. Papel de *flipchart* em branco e canetas pilot (para cada três a cinco vendedores).

O Que Fazer

Discuta o conceito de uma declaração de missão. Distribua sua declaração de missão corporativa (ou as de outras empresas se não tiver uma).

Divida os vendedores em três grupos que contenham de três a cinco pessoas e dê a cada grupo uma folha de papel de *flipchart* e uma caneta pilot. Explique que sua tarefa será a de trabalhar em conjunto para desenvolver uma breve declaração de missão para seu departamento.

Examine a transparência da página 20 e diga aos vendedores que discutam as respostas às perguntas antes de começarem a escrever sua declaração de missão.

Permita dez minutos para essa parte da atividade. Se houver mais de um grupo, peça a cada grupo que selecione um porta-voz para apresentar sua declaração de missão para a turma.

Ouça as declarações de missão e discuta como for necessário. Certifique-se de que as declarações de missão não contradigam a de sua empresa.

Se houver mais de um grupo, peça a cada grupo que designe um membro para representar o grupo em um comitê para finalizar a declaração de missão. Sugira que o comitê se reúna na hora do almoço ou permita que os membros do comitê tenham folga do trabalho para finalizar a declaração no decorrer da próxima semana.

Quando a declaração de missão estiver completa, obtenha a versão final e imprima uma cópia bonita a ser afixada na área de trabalho do departamento. Considere também imprimir cópias menores para cada vendedor afixar em sua área de trabalho. Se possível, reúna o pessoal de vendas novamente para apresentar a declaração de missão final.

Se Tiver Mais Tempo

Faça com que cada vendedor redija uma declaração de missão pessoal que complemente a declaração redigida pelo departamento. Forneça papel de boa qualidade para que possam imprimir as declarações e colocá-las em suas mesas de trabalho.

Se Estiver por Conta Própria

Examine a declaração de missão de sua empresa ou as de outras empresas. Leia as perguntas na página 20, aplicando-as a si mesmo em vez de a sua equipe de vendas. Tome algum tempo para desenvolver a versão final de sua própria declaração de missão em papel de boa qualidade. Mantenha-a em sua área de trabalho ou agenda para que possa vê-la com freqüência.

Definindo Sua Missão

- **Por que os clientes se lembram de nós?**

- **Como os clientes se sentem após negociarem conosco?**

- **O que os clientes dizem a seus amigos sobre nós?**

- **De que maneira nos ajudamos mutuamente em nosso departamento?**

- **Como nosso departamento apóia o objetivo geral de nossa empresa?**

Escreva uma Carta a Si Mesmo

Em Resumo

Vendedores escrevem uma carta de um cliente fictício a si mesmo. Cada carta destaca três aspectos do comportamento ou da atitude do vendedor que tenham causado impressão positiva no cliente. A carta também observa o efeito positivo que cada ação teve sobre o cliente. Essa atividade tem por objetivo focar a atenção dos vendedores nas coisas que fazem bem e motivá-los a continuar nesses esforços.

Tempo

De 10 a 15 minutos.

O Que é Necessário

Uma cópia das folhas na página 23 e 24 para cada vendedor. Vendedores precisarão de papel e canetas.

O Que Fazer

Distribua as folhas. Leia a carta-amostra na página 23 e diga aos vendedores que estarão escrevendo uma carta similar a si mesmos. Peça que prestem muita atenção ao que o cliente diz sobre o impacto das ações e atitude do vendedor.

Se estiver conduzindo isso como atividade de grupo, copie a carta-amostra em uma transparência e projete-as em um retroprojetor durante a atividade de redação de cartas.

Diga aos vendedores que pensem em suas próprias interações com clientes e em como sua atitude e seu comportamento afetam clientes de forma positiva. Devem completar a carta-formulário na página 24 como se fossem um cliente. Se necessário, podem modificar ligeiramente as palavras impressas.

Permita de 10 a 15 minutos para essa atividade.

Se Estiver por Conta Própria

Leia a carta na página 23 e depois complete a carta-formulário na página 24 como se fosse um cliente.

Caro Terry,

Estou escrevendo para lhe agradecer pelo serviço que você nos prestou quando meu marido Ray e eu estávamos escolhendo equipamento de cozinha para nosso novo restaurante.

Você nos ajudou de várias maneiras. Primeiro, respeitou nosso orçamento. Isso nos permitiu encontrar equipamento de qualidade dentro de nossa faixa de preços. Também gostei muito da maneira pela qual você indicou informações úteis relativamente ao aproveitamento de espaço na cozinha. Seu conhecimento especializado me fez sentir como cliente valorizado.

Por fim, queria dizer obrigada pelo seu toque pessoal e sua atitude apoiadora. Fiquei convencida de que queria sinceramente que tivéssemos sucesso nesse setor altamente competitivo.

Mais uma vez obrigada, e continue com o bom trabalho!

Atenciosamente,

Elma

Elma Homestead
Restaurante da Mamãe

Prezado _____,

Queria lhe escrever para agradecer pelo serviço que você nos prestou _____
(Quando)

_____

Você ajudou de várias formas. Primeiro, você _____
(Ação)

_____

_____ Isso _____
(Efeito)

_____

Também gostei da maneira pela qual _____
(Ação)

_____

Sua _____
(Ponto forte ou habilidade de venda)

me fez sentir como cliente valorizado.

Por fim, queria dizer obrigado por _____
(Ação)

_____

Creio que realmente fará diferença no _____
(Efeito)

_____

Continue com o bom trabalho!

    Atenciosamente,

_____
(nome do cliente)

Vendedor do Ano

Em Resumo

Vendedores "planejam" a cerimônia de premiação realizada em sua própria homenagem como resultado de ter sido nomeado Vendedor do Ano. Essa atividade oferece uma oportunidade para os vendedores visualizarem um resultado bem-sucedido de seu trabalho e dá ao gerente ou treinador *insights* do caráter e das motivações de cada pessoa. Nota: Uma variação dessa atividade é fazer com que vendedores redijam um breve artigo (para um boletim informativo ou jornal fictícios) descrevendo a comemoração realizada em sua homenagem.

Tempo

De 10 a 15 minutos.

O Que é Necessário

Os vendedores precisarão de papel e caneta.

O Que Fazer

Peça aos vendedores que imaginem terem sido nomeados Vendedor do Ano. Sua tarefa é planejar a cerimônia de premiação a ser realizada em sua homenagem. Não há orçamento e a única diretriz é não infringirem regras da empresa. Permita cerca de dez minutos para essa atividade.

Encoraje os vendedores a pensarem de forma criativa e se divertirem um pouco com isso. É uma oportunidade para planejar sua "comemoração dos sonhos"! Para dar a partida, peça que considerem o seguinte:

- Tema
- Número de convidados
- Local
- Hora
- Atividades
- Cardápio

Quando tiverem terminado, corra a sala e peça a cada pessoa que compartilhe seus planos.

Se Estiver por Conta Própria

Escreva um artigo para seu jornal local ou para o boletim informativo da empresa descrevendo a cerimônia realizada e sua homenagem como Vendedor do Ano. Como inspiração, reveja o artigo cada vez que verificar suas metas de vendas.

2

O Que Você Sabe?

Jogos para Melhorar Conhecimento de Produto

Quiz de Conhecimento de Produto

EP-4663	R-334J	$$$$
10 pontos	10 pontos	10 pontos
20 pontos	20 pontos	20 pontos
30 pontos	30 pontos	30 pontos
40 pontos	40 pontos	40 pontos

Em Resumo

Neste jogo empolgante, vendedores praticam um jogo semelhante a *Jeopardy!* para testar seu conhecimento de produto. Esse jogo é adequado para novos contratados ou para vendedores experientes.

Tempo

15 minutos.

O Que é Necessário

Um *flipchart* e canetas pilot. (Opcional: Um pacote de fichas de 7x15cm.)

O Que Fazer

Selecione cinco categorias de produto e desenvolva quatro perguntas e respostas para cada uma. Em cada categoria, as perguntas devem progredir de simples para difíceis.

Separe um tabuleiro de *Jeopardy!* usando papel de *flipchart*. Relacione as categorias de produto na linha superior e designe um total de pontos para cada linha de pergunta (ex.: 10 pontos para a linha 1, 20 pontos para a linha 2 etc.). Se preferir, poderá usar as fichas com uma resposta escrita no verso de cada ficha.

Forme equipes de duas a quatro pessoas. Avise aos vendedores que, para iniciar o jogo, você dará uma resposta da parte superior esquerda do tabuleiro.

Eles devem responder com a pergunta correspondente. Quando todos da equipe concordarem com a pergunta, todos devem levantar a mão.

Chame a primeira equipe a ter todas as mãos levantadas. Você poderá pedir a qualquer vendedor da equipe que diga a pergunta correspondente à resposta que ler. Se a pergunta estiver correta, a equipe recebe os pontos; se a pergunta estiver errada, a equipe perde os pontos. A equipe que acertar a pergunta escolhe a próxima resposta.

Mantenha um registro das respostas dadas riscando-as do tabuleiro ou removendo a ficha. Mantenha um registro de quaisquer perguntas que os vendedores tenham dificuldade em responder. Você poderá voltar a essas perguntas para revisão após o término do jogo.

Mantenha um registro da pontuação à medida que for jogando e recompense a equipe vencedora com um pequeno prêmio.

E Daí?

Em Resumo

Este jogo acessa o poder mental coletivo do grupo fazendo com que cada pessoa apresente benefícios correspondentes aos vários atributos dos produtos do grupo de vendas. É um divertido jogo de aprendizagem que enfatiza a diferença entre atributos e benefícios e melhora o conhecimento de produto dos vendedores.

Tempo

De 10 a 20 minutos, aproximadamente, dependendo do número e da complexidade dos produtos.

O Que é Necessário

Várias fichas. Dependendo do nível de conhecimento dos vendedores, poderá desejar fazer uma transparência (ou cópias de folhas para distribuição) na página 176.

O Que Fazer

Há duas variações desse jogo. A primeira requer que prepare as fichas antecipadamente, escrevendo um atributo de um produto no topo de cada ficha. Se optar pela segunda variação, distribua fichas em branco aos vendedores e peça que cada pessoa selecione um atributo de um produto e anote-o no topo da ficha (certifique-se de que não haja duplicações antes de prosseguir).

Disponha os vendedores sentados em círculo e peça a eles que passem suas fichas para a pessoa à sua direita.

Cada pessoa deverá agora anotar um benefício que corresponda ao atributo do produto que tenha à sua frente. Permita de 30 a 60 segundos para cada rodada (o jogo se torna progressivamente mais difícil porque os benefícios mais óbvios terão sido escolhidos primeiro).

Continue até que todos os vendedores tenham escrito em todas as fichas.

Encerre o jogo pedindo a cada vendedor que leia sua ficha original em voz alta.

Pense de Pé!

Em Resumo

Este é um jogo ativo e movimentado no qual vendedores ouvem um atributo de produto e devem responder imediatamente com um benefício correspondente. Variações desse jogo podem ser jogadas com vendedores de todos os níveis.

Tempo

Geralmente de 3 a 5 minutos.

O Que é Necessário

Uma pequena bola macia ou objeto similar. Prepare uma lista de vários atributos de produto antes de iniciar o jogo.

O Que Fazer

Peça aos vendedores que se posicionem de pé, em círculo, um pouco distanciados uns dos outros. Diga-lhes que você jogará a bola para alguém ao mesmo tempo em que disser o atributo de um de seus produtos.

A pessoa para quem a bola for jogada deve pegar a bola e responder com um benefício correspondente. Eles, então, jogam a bola para outra pessoa, que deverá responder com outro benefício. Após cada três ou quatro jogadas, você deve dizer outro atributo de produto.

Continue o jogo até que todos tenham tido pelo menos uma vez.

Antes de Dizer Oi

Atividades para Preparação de Visitas de Vendas

Quem, O Quê, Onde, Quando, Por Quê?

Em Resumo

Neste jogo de ritmo acelerado, vendedores respondem a cinco perguntas básicas para ajudá-los na preparação de uma visita de vendas. A atividade é adequada para todos os níveis de pessoal de vendas.

Tempo

De 5 a 10 minutos.

O Que é Necessário

Um cronômetro, blocos *Post-it* de várias cores e um *flipchart* ou quadro branco com espaço para cada equipe afixar suas anotações adesivas. Divida o espaço em cinco colunas com os seguintes títulos: Quem, O Quê, Onde, Quando, Por Quê?

O Que Fazer

Prepare um perfil de uma empresa fictícia que represente uma empresa com potencial de negócios para seu pessoal de vendas. Poderá incluir algumas das informações a seguir:

- Nome e endereço da empresa.

- Informações sobre a empresa – seus locais, porte, produtos ou serviços vendidos etc.

- Nomes e perfis de vários tomadores de decisões ou influenciadores em toda a empresa.

- Informações sobre o relacionamento da empresa com a sua (um cliente fiel, fazendo negócios com a concorrência etc.).

- Um breve histórico de reuniões anteriores, se houver, com os tomadores de decisões ou influenciadores anteriormente mencionados.

Examine a importância do planejamento pré-visita com o pessoal de vendas e, então, divida-os em pequenos grupos. (Cada grupo deverá ter blocos *Post-it* de cor diferente.)

Descreva a empresa em perspectiva e explique que você lerá uma pergunta para cada um dos itens – quem, o quê, onde, quando e por quê. Cada grupo terá trinta segundos para discutir a pergunta, escrever uma resposta no papel *Post-it* e afixá-lo no *flipchart* ou quadro branco. Sem correria!

A primeira equipe com uma resposta do quadro recebe um ponto. As perguntas que lerá são:

- **Q**uem você deseja visitar na empresa?

- **Q**ual o resultado desejado?

- **O**nde seria o melhor lugar para o encontro?

- **Q**uando seria melhor se reunir?

- **P**or que você deseja se reunir?

Quando tiver concluído o jogo, dê uma pequena recompensa à equipe com o maior número de pontos e peça às equipes que recolham todos seus papéis adesivos.

Tome um ou dois minutos para examinar suas estratégias gerais de visitas e, então, apresente-as ao grupo.

Encerre observando que embora o jogo tenha sido rápido e divertido, o planejamento pré-visita é parte essencial de uma estratégia de conta.

Se Estiver por Conta Própria

Faça as cinco perguntas mencionadas na página anterior a si mesmo antes de marcar cada visita de vendas. Certifique-se de planejar uma estratégia geral de conta para que possa usar o tempo com sabedoria e alcançar ótimos resultados.

OQEGCI
(O Que Eu Ganho com Isso?)

Em Resumo

Vendedores praticam focar em benefícios ao cliente respondendo à pergunta "O que eu ganho com isso?". Este jogo é adequado para pessoal de vendas de todos os níveis que tenham conhecimento básico do produto, mas é melhor para pessoal de vendas de níveis similares de experiência e que estejam à vontade falando diante de um grupo.

Tempo

De 15 a 30 minutos.

O Que é Necessário

Fichas de pôquer ou outras fichas de "OQEGCI".

O Que Fazer

Rever o conceito de atributos e benefícios e ressaltar que a maioria dos vendedores bem-sucedidos é constituída daqueles que focam em meios de seus produtos e serviços beneficiarem os compradores.

Dê a cada vendedor duas fichas OQUEGCI. Explique que vendedores virão à frente da sala um de cada vez e farão uma breve apresentação ao grupo sobre um produto com o qual são familiarizados. Designe uma duração de apresentação com base no número de vendedores que deverão fazer apresentações e o tempo disponível para o jogo. Se tiver um grande número de pessoas e pouco tempo, divida os participantes em dois ou três grupos.

Enquanto um vendedor estiver fazendo sua apresentação, outros estarão procurando ouvir benefícios. Se a pessoa que estiver apresentando mencionar um atributo sem seu benefício correspondente, alguém da platéia poderá ficar de pé e dizer "OQEGCI?" e o apresentador deve responder com um benefício e, então, continuar sua apresentação. (Fichas OQEGCI são distribuídas para assegurar que algumas pessoas não monopolizem o jogo.)

Ofereça um pequeno prêmio, um certificado ou outra coisa aos que não receberam qualquer ficha OQEGCI.

Se Estiver por Conta Própria

Grave uma de suas apresentações típicas de vendas. Ouça a fita e veja se apresentou algum atributo sem os benefícios correspondentes.

Superdetetive

Em Resumo

Duplas competem em um concurso simulado para a obtenção de informações gerais de uma empresa que necessitam antes de fazer uma visita de vendas e com fontes potenciais para a obtenção dessas informações.

Tempo

De 15 a 20 minutos.

O Que é Necessário

Um perfil fictício de uma empresa que será um comprador potencial de seu produto ou serviço. Um "Prêmio Superdetetive" a ser oferecido à equipe vencedora.

O Que Fazer

Diga aos vendedores que trabalharão em duplas e participarão de um concurso Superdetetive para descobrirem informações sobre um comprador em perspectiva.

O objetivo do concurso é a obtenção das três coisas mais críticas que precisam saber sobre uma empresa em perspectiva antes de fazerem uma visita de vendas, com maneiras criativas de encontrar essas informações. Encoraje os vendedores a serem o mais criativos possível na obtenção de suas idéias. (Você poderá discutir ética mais adiante.)

Designe as duplas e leia ou distribua o perfil de empresa fictícia.

Dê aos participantes cerca de dez minutos para estabelecerem suas idéias e depois corra a sala e faça com que cada dupla anuncie as informações que desejam adquirir e suas idéias sobre como adquiri-las.

Peça votos para ver qual equipe venceu o concurso e ofereça o Prêmio Superdetetive àquela equipe.

Acertando o Alvo

Em Resumo

Vendedores aprendem a importância da determinação de objetivos de visita concretos antes de fazer uma apresentação de vendas – quer por telefone ou pessoalmente – através da competição em equipes para identificarem objetivos de visita bem definidos. É adequado para todos os níveis de vendedores.

Tempo

De 10 a 15 minutos.

O Que é Necessário

Transparências ou *flipcharts* contendo as informações constantes das páginas 49 e 50.

O Que Fazer

Examine as transparências. Use o exemplo a seguir: O objetivo de uma ligação telefônica inicial pode ser o de qualificar alguém em termos de potencial de negócios. O parâmetro pode ser a conclusão de uma entrevista qualificadora com um tomador de decisões. Lembre os vendedores de que o objetivo de cada contato deve ser o de levar a venda adiante.

Divida as pessoas em pequenas equipes. Diga-lhes que lerá um objetivo de visita ou de chamada. Sua meta é decidir se é ou não um objetivo válido. Uma vez que tenham tomado sua decisão, devem levantar as mãos.

Chame a primeira equipe com as mãos levantadas. Poderá pedir a qualquer membro da equipe que dê a resposta e o motivo pelo qual a equipe escolheu essa resposta. Atribua um ponto a cada equipe para cada resposta correta. Ofereça um pequeno prêmio à equipe com o maior número de respostas corretas.

Mantenha o jogo acelerado. Quando terminar o jogo, avalie cada objetivo de visita errado e peça aos vendedores que desenvolvam um objetivo melhor.

Objetivos de Visitas/Chamadas

1. Você está fazendo uma chamada para dar prosseguimento a uma possibilidade de venda obtida em uma feira comercial. Seu objetivo de chamada é lembrar o cliente de sua nova linha de acessórios de escritório.

   Ruim. Focaliza no vendedor, não naquilo com o qual o cliente se comprometerá para levar a venda ao próximo passo.

2. Você está fazendo uma apresentação final após meses de reuniões com o cliente. Seu objetivo é fazer com que o cliente assine uma ordem de compra que o tornará sua única fonte de fornecimento.

   Bom. É mensurável e foca na ação do cliente.

3. Você está se reunindo com o comitê de compras e seu objetivo de visita é fazer uma apresentação sobre sua empresa e as duas linhas de produtos que atenderão às necessidades identificadas durante reuniões anteriores.

   Ruim. Focaliza na atividade do vendedor, não na ação que o cliente empreenderá para levar a venda adiante.

4. A Acme Paperweights tem sido seu cliente há muitos anos. Na verdade, é sua maior cliente de resina de primeira linha. Você irá ligar para o gerente de fabricação e seu objetivo é fazer com que ele o apresente a um novo gerente de compras.

   Bom. Indica os passos a serem tomados pelo gerente de fabricação para ajudá-lo a começar a construir um relacionamento com o novo gerente de compras.

5. Você está dando prosseguimento a uma indicação de seu clube de networking. Seu objetivo é se apresentar e fazer com que a pessoa indicada concorde com uma data e hora para uma entrevista pessoal.

   Bom. É mensurável e foca na ação da pessoa indicada.

6. Você trabalha em uma clínica de emagrecimento e está se reunindo com um cliente que já atingiu sua meta de peso. Seu objetivo é destacar os benefícios de se tornar membro vitalício.

   Ruim. Não inclui aquilo com que o cliente irá concordar.

7. Sua empresa está patrocinando um seminário gratuito sobre tecnologia na próxima década. Seu objetivo é informar ao cliente a data, a hora e o local do seminário.

   Ruim. Foca na atividade do vendedor, não naquilo que o cliente fará.

Se Estiver por Conta Própria

Use as informações nas páginas 49 e 50 para ajudá-lo a desenvolver objetivos de visita para cada visita de vendas da semana.

TRANSPARÊNCIA

Objetivo de Visita ou de Chamada:

Aquilo que você quer que o comprador faça até o final da visita ou chamada para dar um passo adiante na obtenção de uma venda ou da continuidade de relacionamento com um cliente.

Um objetivo de visita ou de chamada tem dois aspectos:

- Propósito   Motiva-o para fazer a visita ou a chamada.

- Medição   Ações empreendidas durante ou após a chamada ou visita que indicam seu nível de sucesso.

TRANSPARÊNCIA

Objetivos de Visita ou de Chamada são:

- Orientados para resultados, não orientados para atividade.

- Focados naquilo que o comprador fará, não no que você fará.

Exemplos:

- Marcar uma reunião com o vice-presidente de compras.

- Fazer com que o comprador concorde com um pacote de experiência de três meses.

Você Está com Ótima Aparência!

Em Resumo

Neste jogo, vendedores examinam várias ilustrações para determinar a importância da linguagem corporal e da aparência, além de adicionar significado à comunicação. O objetivo é fazer com que os participantes aprendam técnicas básicas que podem utilizar para assegurar que sua linguagem corporal e sua aparência estejam enviando a mensagem que pretendem. Este jogo é ideal para apresentar o conceito de comunicação visual.

Tempo

De 10 a 15 minutos.

O Que é Necessário

Uma cópia da folha na página 54 para cada participante. Um *flipchart* ou quadro branco com canetas pilot.

O Que Fazer

Distribua uma cópia da folha para cada participante. Peça aos participantes que trabalhem em pequenos grupos para determinar o que acham que cada pessoa faz para ganhar a vida e o que cada pessoa está sentindo. Também devem discutir por que chegaram a essas conclusões.

Transcorridos cinco a sete minutos, peça a cada grupo que relate suas conclusões. Liste quaisquer pontos relativos à linguagem corporal e a vestuário no *flipchart* ou no quadro branco.

Questões para Discussão

P: Como sua linguagem corporal e seu vestuário afetam sua comunicação com seu cliente atual ou em perspectiva?

R: Um cliente poderá ver que você é amigável, está confiante e interessado se você se vestir adequadamente a seu cargo, se você mantiver uma postura aberta e se você se inclinar um pouco para trás para mostrar que está à vontade ou para a frente para indicar interesse (Figuras 4 e 5).

Um cliente poderá percebê-lo como defensivo se você se fechar e cruzar os braços (Figura 1).

Um cliente poderá mostrar que está irritado ou zangado ao manter uma postura frontal e rígida (Figuras 2 e 3).

P: Que tipo de postura você poderá exibir para ajudar a acalmar uma situação desafiadora, como quando um cliente atual ou em perspectiva estiver reclamando?

R: Mantenha uma postura aberta para mostrar que não está defensivo e incline-se ligeiramente para a frente para demonstrar interesse em ajudar o cliente a encontrar uma solução.

P: O que, se há alguma coisa, você gostaria de mudar em sua linguagem corporal ou vestuário para ajudá-lo a apresentar uma melhor imagem de si mesmo e de seu produto ou serviço?

R: Respostas de campo.

Se Estiver por Conta Própria

Observe as figuras na página 54 e pense sobre a profissão de cada pessoa e o que cada pessoa está sentindo.

Então, leia as Questões para Discussão e considere o que gostaria de mudar em sua linguagem corporal e em seu vestuário.

FOLHA PARA DISTRIBUIÇÃO

Figura 1

Figura 2

Figura 3

Figura 4

Figura 5

Figura 6

54 *O Grande Livro de Jogos de Vendas*

Conhecendo Você

Jogos para Construção de Rapport com Clientes

Melhoria de Alfabeto

Em Resumo

Nesta variação de um jogo popular para festas, vendedores têm uma conversa espontânea iniciando cada declaração com determinada letra do alfabeto. Este jogo é bastante imprevisível e sempre divertido. Estimula pensamento rápido e ajuda vendedores a desenvolverem habilidades de conversação e de construção de *rapport*. É adequado para todo o pessoal de vendas.

Tempo

De 5 a 10 minutos.

O Que é Necessário

Nada!

O Que Fazer

Divida o grupo em duplas e peça que decidam quem fará o papel do "vendedor" e quem será o "cliente". (Trocarão de papel após cada rodada.)

Diga aos vendedores que imaginem que estão em um cenário de vendas. (Nota: Poderá se estender nesse ponto dando a eles produtos ou serviços fictícios para representarem – suprimentos odontológicos, serviços de decoração de interiores etc.). Sua tarefa é ter uma conversa de conformidade com uma regra única: o vendedor inicia fazendo uma declaração que começa com a letra A. Então, o cliente responde com uma declaração que comece com a letra B.

Devem continuar até chegarem a Z.

Exemplo:

Vendedor: Na semana que vem, nossos produtos estarão em promoção...

Cliente: Bom! Aposto que será uma semana movimentada!...

Encoraje o pessoal de vendas a jogar com velocidade e espontaneidade em vez de pensarem demais no que irão dizer.

Rapport Oculto

Em Resumo

Este é um jogo rápido e ativo no qual participantes trabalham em conjunto para solucionar um caça-palavras para descobrirem uma série de técnicas para construir *rapport* com clientes. Planeje realizar esse jogo antes e não depois dos demais jogos neste capítulo (após terem realizado os outros jogos, saberão as respostas deste jogo). Este jogo é ideal para novos contratados, mas pode ser usado como atualização com funcionários de todos os níveis.

Tempo

De 10 a 15 minutos.

O Que é Necessário

Uma cópia da folha na página 61 para cada dupla de participantes.

O Que Fazer

Peça a alguém que defina *"rapport"*, Divida os participantes em duplas e diga a eles que estarão trabalhando com seus parceiros para descobrir várias técnicas para construir *rapport* com clientes.

Distribua o caça-palavras e permita cerca de dez minutos para que os participantes o resolvam. Reveja as respostas em grupo.

Respostas

1. Use o NOME do cliente.
2. Diga POR FAVOR e OBRIGADO ao solicitar INFORMAÇÕES dos clientes.
3. Explique suas RAZÕES quando tiver que dizer NÃO à solicitação de um cliente.
4. Demonstre INTERESSE nas necessidades do cliente.
5. Demonstre EMPATIA com os SENTIMENTOS do cliente.
6. Informe o cliente de suas OPÇÕES.
7. SORRIA! Mesmo se estiver ao telefone!

Se Estiver por Conta Própria

Siga as instruções na página 61 e resolva o caça-palavras. Certifique-se de usar todas essas técnicas de construção de *rapport* durante o seu dia de trabalho de vendas.

FOLHA PARA DISTRIBUIÇÃO

Caça-palavras de *Rapport*

Há incontáveis maneiras para construir *rapport* com clientes. O caça-palavras a seguir contém palavras que completam as seguintes técnicas de construção de *rapport*. Completamos a primeira para você.

1. Use o N O M E do cliente.

2. Diga _____ e _____ ao solicitar _____ dos clientes.

3. Explique suas _____ quando tiver que dizer _____ às solicitações de um cliente.

4. Demonstre _____ nas necessidades do cliente.

5. Demonstre _____ com os _____ do cliente.

6. Informe o cliente de suas _____

7. _____! Mesmo se estiver ao telefone!

As palavras podem aparecer na horizontal, vertical ou diagonal e podem ir em qualquer direção.

FOLHA PARA DISTRIBUIÇÃO

```
N O M E M A X A J A S
U B E R I S E O C P O
P R A Z O E S C X O T
I I F B N O S T Z R N
T G R U A H E L Q F E
W A T S O R R I A A M
Y D I E Q J E X J V I
I O E M P A T I A O T
E O W C A Q N C Z R N
K E L I W Z I A Q O E
I N F O R M A Ç O E S
```

Jogando Conversa Fora

Em Resumo

O pessoal de vendas aprende a identificar dicas de compradores potenciais que podem ajudá-los a construir um forte *rapport*.

Esse jogo é projetado para pessoal de vendas no ambiente das vendas pessoais e é especialmente útil para os que têm dificuldade em ter conversas leves e fáceis com clientes.

Nota: Este jogo deve ser realizado por pessoal de vendas familiares com o conceito de *rapport*.

Tempo

De 10 a 15 minutos.

O Que é Necessário

Prepare este jogo recortando fotos de revistas de pessoas em situações do dia-a-dia (serão necessárias de sete a dez fotos para cada grupo de participantes). As pessoas nas fotos não devem ser famosas nem reconhecíveis.

Combinando uma variedade de publicações, você deve ser capaz de encontrar uma representação diversificada de clientes fictícios.

Dica! Após o jogo, recolha as fotos e arquive-as para uso futuro. Você poderá aumentar sua coleção com fotos interessantes que encontrar em revistas.

O Que Fazer

Discuta resumidamente o conceito de *rapport*. Diga ao pessoal de vendas que neste jogo praticarão a obtenção de respostas de clientes que podem ajudá-los a construir um forte *rapport*.

Divida os vendedores em grupos de dois ou três. Dê a cada grupo um conjunto de fotos de "clientes" e peça que estude as fotos e elaborem declarações que poderiam usar para desenvolver uma conversa leve e amigável com clientes.

Cada declaração de ter alguma relevância à foto. Dê um exemplo levantando uma foto e sugerindo duas ou três declarações que poderiam ser feitas ao cliente.

Digamos, por exemplo, que você tenha uma foto de um homem com a camisa do Botafogo com três crianças a reboque. Você poderia dizer:

- *Que idade têm os seus filhos?*

- *Você é torcedor do Botafogo?*

- *Parece que tiveram uma temporada e tanto este ano!*

Após cerca de dez minutos, peça aos grupos que compartilhem uma ou duas de suas fotos e as declarações acompanhantes com os demais participantes.

Se Estiver por Conta Própria

Colecione fotos de revistas. Trabalhe com um amigo ou membro de sua família para desenvolver declarações que você possa utilizar para iniciar uma conversa com a pessoa na foto.

Bem, Se Ele Consegue Fazer...

Em Resumo

Participantes lêem um estudo de caso de uma interação de vendas na qual o funcionário realizou um grande trabalho. Terão que identificar o que o representante de vendas fez para construir um forte *rapport* com o cliente. Este jogo é adequado para todo o pessoal de vendas que necessite aprender a desenvolver *rapport* com clientes.

Tempo

De 10 a 15 minutos.

O Que é Necessário

Uma cópia das folhas nas páginas 69 e 70 para cada vendedor.

O Que Fazer

Distribua uma cópia da folha na página 69 a cada vendedor e peça que a leiam.

Examine a folha na página 70 em conjunto com os vendedores. Peça que trabalhem em grupos de duas ou três pessoas para examinarem o cenário na página 69 e destaquem os trechos que mostram o que o representante de vendas fez para construir um bom *rapport* com o cliente.

Avalie as respostas de cada grupo e discuta-as conforme necessário.

Peça aos participantes que guardem uma cópia da página 70 em suas estações de trabalho até que tenham dominado a habilidade de construção de *rapport*.

FOLHA PARA DISTRIBUIÇÃO

ALICE AMIGÁVEL: (Cumprimentando o cliente com um sorriso amigável e um caloroso aperto de mão.) Obrigada por nos visitar hoje. Meu nome é Alice. Como posso ajudá-lo?

VITOR VIAJANTE: Tenho este cupom que recortei do jornal de domingo para uma viagem de ida e volta de Dallas para Londres por $447. É pela Atlas Air, mas queria verificar se há outra empresa aérea com uma tarifa menor. Sou viajante freqüente da Global Village e gostaria de aproveitar as milhas da viagem se puderem cobrir a oferta.

ALICE AMIGÁVEL: Fico feliz por ter vindo. Sente-se bem aqui e terei prazer em verificar nossa tarifa mais barata para Londres. São muitas milhas! Quando pretende viajar?

VITOR VIAJANTE: Em abril, por volta do dia 15.

ALICE AMIGÁVEL: Que época boa para ir a Londres! Deixe-me verificar com a Global Village e ver o que tem disponível. ...Bem, se viajar em um domingo, uma segunda ou uma terça – seriam dias 16, 17 ou 18 – e retornar em um desses dias também, podemos arranjar um vôo direto para o aeroporto de Heathrow por $515 ida e volta. É nossa tarifa Especial de Primavera. Gostaria que fizesse sua reserva? Podemos mantê-la sem compromisso por 24 horas. Isso lhe dará algum tempo para pensar no que será melhor para você.

VITOR VIAJANTE: $515, é? É bem mais do que a tarifa da Atlas, mas gostaria mesmo de um vôo direto. Está bem, reserve um assento para mim. O Nome é Silva – Vítor Silva.

ALICE AMIGÁVEL: Ótimo, espero que isso seja bom para você. Posso reservar o vôo da manhã, e você chegaria em Londres no final da tarde, ou então no vôo noturno com chegada às 8 horas. Qual preferiria, Sr. Silva?

FOLHA PARA DISTRIBUIÇÃO

Técnicas para Construir *Rapport*

Todos os representantes de vendas têm a oportunidade de construir *rapport* em cada interação com o cliente. Embora não exista fórmula "certa" para construir *rapport*, há algumas técnicas simples que podem ser úteis:

1. Sorria.

2. Faça contato ocular.

3. Use o nome do cliente.

4. Diga "por favor" e "obrigado".

5. Explique os motivos por dizer não.

6. Demonstre interesse nas necessidades do cliente.

7. Seja empático com os sentimentos do cliente.

8. Informe o cliente de suas opções.

Cada um na Sua

Em Resumo

Nessa atividade, o pessoal de vendas examina suas próprias preferências para interações de negócios (incluindo situações de vendas) e as compara com as preferências de clientes.

O objetivo dessa atividade é aprender que é fácil customizar uma apresentação de vendas de acordo com compradores individuais. Essa atividade é adequada para pessoal de vendas de todos os níveis.

Tempo

De 20 a 30 minutos.

O Que é Necessário

Uma cópia da transparência na página 73. Uma cópia da folha na página 74 para cada participante.

O Que Fazer

Examine a transparência. Explique que algumas pessoas são mais orientadas para relacionamentos do que outras e algumas mais orientadas para tarefas.

Algumas pessoas preferem conhecer outras socialmente e algumas pessoas preferem conhecer outras enquanto trabalham com elas em um projeto.

Peça aos participantes que façam uma marca mental no eixo y referente a onde se enquadram neste continuum.

Então, explique que algumas pessoas têm o ritmo rápido e outras são mais lentas; algumas pessoas se movem rapidamente e tomam decisões rápidas, enquanto outras se movem e falam mais lentamente e são mais analíticas ou cautelosas ao tomarem decisões.

Peça aos participantes que façam uma marca mental no eixo x referente a onde se enquadram nesse continuum. Depois peça aos participantes que se coloquem em um quadrante com base em suas duas marcas.

Peça que considerem alguém com quem se dão muito bem e determinem a qual quadrante essa pessoa pertence; depois que façam o mesmo com uma pessoa com a qual não se dão bem. Discuta os resultados.

Distribua a folha e dê aos participantes alguns minutos para que a examinem. Explique que não há quadrante certo ou errado. Cada quadrante tem seus aspectos positivos e negativos.

Observe que o problema surge quando uma pessoa de um quadrante entra em uma transação de negócios com uma pessoa de outro quadrante, especialmente se as pessoas forem de quadrantes diametralmente opostos.

Por exemplo, um cliente Q1 pode achar que um vendedor Q3 seja excessivamente agressivo – apenas porque o representante Q3 vai direto aos negócios. Ou um cliente Q2 pode achar que um vendedor Q4 não dá importância à construção de um relacionamento de longo prazo.

Peça aos participantes que pensem sobre alguns de seus clientes atuais e potenciais.

Como poderiam adaptar suas apresentações de vendas para deixar o comprador à vontade?

TRANSPARÊNCIA

Orientado para relacionamentos

Q1	Q2
Q3	Q4

Ritmo lento

Ritmo acelerado

Orientado para tarefas

Capítulo 4 – Conhecendo Você

FOLHA PARA DISTRIBUIÇÃO

Orientado para relacionamentos

- Gosta de falar de família, amigos, atividades e outras informações pessoais.

- Aprecia quando você toma tempo para desenvolver um relacionamento pessoal ou "amizade" de negócios.

- Gosta de receber informações verbalmente – preferivelmente pessoalmente.

- Não gosta de ser pressionado para tomar decisões rápidas.

- Gosta de contar histórias baseadas em experiência pessoal.

- Tomará tempo para desenvolver um relacionamento pessoal ou "amizade" de negócios com você.

- Não quer muitos detalhes – apenas fatos-chave.

- Tende a tomar decisões rapidamente em grande parte baseadas em relacionamentos pessoais.

Ritmo lento | **Ritmo acelerado**

- Prefere falar da situação de negócios que tem à mão do que engajar em conversa fiada.

- Gosta de muitos dados de back-up.

- Não gosta de ser pressionado para tomar decisões rápidas.

- Tende a analisar todos os detalhes antes de tomar uma decisão.

- Quer ir logo aos negócios.

- É mais interessado em concluir a transação do que se tornar seu amigo.

- Pode fazer muitas perguntas. Você se sente "num interrogatório".

- Tende a tomar decisões rapidamente com base nos fatos – gosta de resumos escritos de pontos-chave.

Orientado para tarefas

Tiro ao Alvo

Jogos para Identificação de Necessidades do Comprador

O Cliente de um Minuto

Em Resumo

Vendedores criam compostos de clientes fictícios e então trabalham em equipes para fazer *brainstorming* de quantas necessidades de clientes que puderem em um minuto. Este jogo é especialmente útil para a expansão da criatividade e do "pensamento fora da caixa". É adequado para todo o pessoal de vendas.

Tempo

De 5 a 10 minutos.

O Que é Necessário

Várias folhas de papel de *flipchart* com algumas canetas pilot. Prepare cada página de *flipchart* com as informações abaixo (mantenha as informações na metade superior da folha).

Nome do cliente:
Cidade natal:
Idade:
Ocupação:
Passatempos:
Situação familiar:

O Que Fazer

Divida os participantes em equipes de duas ou três pessoas e dê a cada equipe um pedaço de papel de *flipchart* e uma caneta pilot.

Sem divulgar o objetivo do jogo, diga a cada equipe que crie um "cliente" preenchendo as informações de cada categoria. Encoraje-as a criar personagens interessantes. Permita um minuto para esse passo.

Agora, instrua as equipes para que façam *brainstorming* de quantas necessidades de clientes que puderem para seu "cliente". Por exemplo, se você vende artigos de vestuário e o cliente mora em Porto Alegre, ele necessitaria de um casaco de inverno.

Após um minuto, peça às equipes que leiam suas folhas de *flipchart* para o grupo. Ofereça uma pequena recompensa à equipe com o maior número de necessidades de clientes dentro do tempo permitido.

Arquitetos Amadores

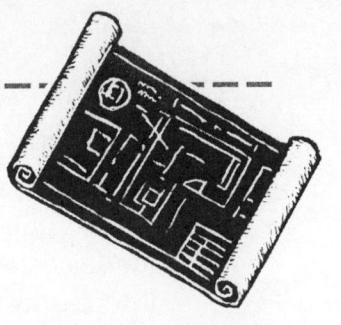

Em Resumo

Este é um jogo longo mas popular no qual vendedores aprendem a usar perguntas abertas e fechadas de forma estratégica. Seu objetivo é desenhar uma casa como descrita por seus parceiros. O jogo é excelente para melhorar as habilidades de questionamento tanto de vendedores novos quanto de experientes.

Tempo

De 30 a 40 minutos.

O Que é Necessário

Transparências ou *flipcharts* com as informações nas páginas 82 e 83. Uma cópia da folha "Casa A" na página 84 para a metade das pessoas, uma cópia da folha "Casa B" na página 85 para a outra metade e papel em branco e canetas ou lápis.

O Que Fazer

Use as informações nas páginas 82 e 83 para explicar a diferença entre perguntas abertas e perguntas fechadas.

Divida o grupo em pares e explique que o objetivo do jogo é que um participante desenhe uma casa que se equipare à casa que seu parceiro receberá. As pessoas que estiverem desenhando podem fazer quaisquer perguntas que queiram e quantas quiserem em cinco minutos. As pessoas que estiverem descrevendo a casa devem seguir as instruções na folha distribuída.

Distribua a folha "Casa A" para as pessoas que descreverão a casa; distribua uma folha de papel em branco às pessoas que desenharão. Peça aos parceiros que se sentem um de costas para o outro e espalhe as pessoas para que os desenhistas não vejam as casas dos que as estiverem descrevendo.

Depois de cinco minutos, faça com que o descrevedor e o desenhista comparem casas. Avalie o jogo. Observe como perguntas abertas tendem a exigir mais informações gerais do que as fechadas.

Faça com que as duplas invertam os papéis. Distribua a folha "Casa B" aos que descreverão a casa e papel aos que a desenharão.

Após cinco minutos, faça com que o descrevedor e o desenhista comparem suas casas e avalie o jogo.

Perguntas para Discussão

P: Que tipos de pergunta funcionam melhor quando você quer informações específicas?

R: Perguntas fechadas.

P: Que tipos de pergunta funcionam melhor quando você quer que seu interlocutor fale livremente?

R: Perguntas abertas.

P: Que tipos de pergunta funcionam melhor quando você precisa coletar informações sobre as necessidades de seu cliente?

R: Uma combinação. Perguntas abertas obtêm mais informações de início, mas quando você precisa de dados específicos, é preciso usar perguntas fechadas.

P: Como este jogo se relaciona a seu trabalho como vendedor?

R: Respostas dos participantes.

Se Tiver Mais tempo

Desenvolva uma lista de perguntas abertas e fechadas que vendedores possam usar para coletar informações de seus clientes para ajudá-los a melhor entender as necessidades de clientes e atendê-las.

TRANSPARÊNCIA

Perguntas Abertas

- Obtêm mais do que um "sim" ou "não" ou outra resposta de uma palavra.

- Procuram fazer alguém falar.

- São úteis quando se deseja informações gerais.

- Usam uma entrada comum, como o quê, como e por quê.

TRANSPARÊNCIA

Perguntas Fechadas

- **Obtêm um "sim" ou "não" ou outra resposta de uma só palavra.**

- **Buscam limitar a conversa ou controlar seu direcionamento.**

- **São úteis quando se deseja informações específicas.**

- **Usam entradas comuns como quem, quando, fez, qual, faria, são, pode, tem, faz, é, fará e poderá.**

FOLHA PARA DISTRIBUIÇÃO

Casa "A"

Responda às perguntas sobre a casa como solicitado. Se seu parceiro lhe fizer uma pergunta aberta, descreva várias características da casa. Se seu parceiro lhe fizer uma pergunta fechada, responda apenas "sim", "não" ou uma resposta curta. Não ofereça informações sem que seja solicitado.

FOLHA PARA DISTRIBUIÇÃO

Casa "B"

Responda às perguntas sobre a casa como solicitado. Se seu parceiro lhe fizer uma pergunta aberta, descreva várias características da casa. Se seu parceiro lhe fizer uma pergunta fechada, responda apenas "sim", "não" ou uma resposta curta. Não ofereça informações sem que seja solicitado.

Do Que o Mundo Precisa Agora

Em Resumo

Vendedores trabalham em conjunto para descobrir meios pelos quais seus produtos contribuem para atender necessidades humanas universais. Este jogo aumenta a confiança de vendedores em seus produtos e permite que pratiquem o pensamento rápido e criativo. É adequado para todos os níveis de pessoal de vendas.

Tempo

De 10 a 15 minutos.

O Que é Necessário

Uma transparência ou *flipchart* com as informações na página 89. *Flipchart* e canetas pilot. Os vendedores precisarão de papel e canetas.

O Que Fazer

Inicie o jogo pedindo aos participantes que façam *brainstorming* de outras necessidades a serem acrescentadas à lista. Escreva-as na transparência ou no *flipchart* à medida que o grupo as anunciar. Não gaste mais do que um ou dois minutos nessa parte do jogo.

Divida os participantes em grupos de duas ou três pessoas e os instrua para discutirem meios pelos quais seus produtos contribuem para o atendimento dessas necessidades universais.

Se os vendedores representarem uma variedade de produtos, poderá designar diferentes produtos a serem discutidos por cada grupo. Use o exemplo a seguir como modelo de como jogar o jogo.

Produto: Scanner XJ 337

Tranqüiliza as pessoas por ser fácil de usar e é bem fabricado. Ajuda a manter o meio ambiente limpo porque elimina o excesso de papel...

Encoraje os vendedores a pensarem criativamente e serem cautelosos quanto ao descarte de idéias por considerarem-nas insignificantes.

Depois de cinco ou dez minutos, reúna os vendedores novamente e peça a cada grupo que compartilhe seus *insights*.

Se Estiver por Conta Própria

Tome um minuto ou dois para adicionar necessidades à lista na página 89 e então considere como seu produto pode contribuir para o atendimento dessas necessidades. Escreva seus *insights* em uma folha de papel e guarde-a para referência futura.

TRANSPARÊNCIA

Do Que o Mundo Precisa Agora

- **Paz de espírito**

- **Um meio ambiente limpo**

- **Um fim para a violência**

- **Boa saúde universal**

-

-

-

-

-

Capítulo 5 – Tiro ao Alvo

6

O Que Você Está Dizendo?

Jogos que Melhoram Habilidades de Ouvir

Sou Todo Ouvidos

Em Resumo

Vendedores avaliam seus próprios hábitos e habilidades de ouvir. Esta é uma introdução ideal para uma sessão de treinamento de habilidades de ouvir e de comunicação.

Tempo

De 5 a 10 minutos.

O Que é Necessário

Uma cópia das folhas nas páginas 95 e 96 para cada participante.

O Que Fazer

Distribua as duas folhas a cada vendedor. Permita alguns minutos para que concluam as avaliações e desenvolvam um plano de ação para melhorar seus hábitos de ouvir.

Encerre a atividade com uma breve discussão sobre a importância de ouvir no ambiente de vendas.

O que pode ser ganho com um bom ouvir?

O que pode ser perdido com o mau ouvir?

Algum vendedor tem alguma história sobre suas próprias experiências em ouvir ou não ouvir seus compradores?

Se Estiver por Conta Própria

Complete as duas avaliações de ouvir e desenvolva um plano de ação para melhorar seus hábitos de ouvir.

FOLHA PARA DISTRIBUIÇÃO

Você é Todo Ouvidos?

Algumas pessoas são boas ouvintes, outras não. A maioria de nós se enquadra em algum ponto entre um extremo e outro – somos bons ouvintes em algumas situações, com algumas pessoas, ao discutirmos alguns tópicos. Agora, tome algum tempo para avaliar suas habilidades de ouvir. Como acha que as pessoas a seguir o classificariam – em uma escala de 1 a 5 – como ouvinte? (5 = melhor)

Você mesmo _____

Seus clientes _____

Seu cônjuge _____

Seu chefe _____

Seus colegas de trabalho _____

Seu melhor amigo _____

Agora some os pontos e plote o total no espectro de ouvir

| 5 | 10 | 15 | 20 | 25 | 30 |

Parede de Tijolos   *O Ouvido Humano*

Capítulo 6 – O Que Você Está Dizendo?

FOLHA PARA DISTRIBUIÇÃO

Você é Todo Ouvidos?

Examine a lista de maus hábitos de ouvir abaixo, e marque cada um com um "F" (Freqüentemente), um "A" (Às vezes) ou um "R" (Raramente) de acordo com o quão freqüentemente você exibe a tendência:

____ Faço de conta que estou prestando atenção quando minha mente está longe.

____ Interrompo as pessoas ou concluo suas sentenças porque sei o que vão dizer.

____ Quando alguém está falando comigo, fico olhando em torno da sala para ver o que mais está acontecendo.

____ Mexo nos papéis sobre minha mesa ou começo a fazer outra coisa qualquer quando alguém fala demais ou muito devagar.

____ Quando alguém está falando, planejo o que vou dizer em seguida.

____ Quando uma pessoa fala depressa demais ou usa palavras que não compreendo, deixo para lá e procuro ouvir apenas aquilo que entendo.

O que você pode fazer durante a semana vindoura para melhorar suas habilidades de ouvir?

_____

_____

_____

O Quiz de Ouvir

Em Resumo

Este jogo divertido lembra o pessoal de vendas da importância de ouvir no processo de vendas. É adequado para vendedores de todos os níveis.

Tempo

De 5 a 10 minutos.

O Que é Necessário

Cada vendedor precisará de caneta e papel.

O Que Fazer

Realize uma breve discussão sobre o papel do ouvir no processo de vendas.

Peça aos participantes que peguem uma folha de papel. Peça que escrevam seus nomes em letras maiúsculas no canto superior esquerdo da folha e explique que lerá dez perguntas.

Sua tarefa é ouvir, anotar o número da pergunta e anotar a resposta à pergunta. Avise-os de que lerá cada pergunta apenas uma vez e que não podem fazer anotações.

Este quiz servirá de avaliação de suas habilidades de ouvir.

Quando estiver pronto, inicie as perguntas. Leia todas as perguntas antes de voltar para discutir as respostas.

1. Você precisa viajar para participar de feiras comerciais na Califórnia, na Flórida, em Wisconsin, na Dakota do Sul e em Maryland. Quais desses estados contêm a letra "F"?

   Califórnia e Flórida.

2. Você trabalha para um grande distribuidor de alimentos. Você vende batatas, batatas fritas, biscoitos, refrigerantes, amendoins, picolés e flores e promete entrega para o dia seguinte. Na quinta-feira, seu cliente enviou um pedido por fax, de refrigerantes, amendoins, pipocas e batatas. Verdadeiro ou falso? Você será capaz de entregar esse pedido completo na sexta-feira.

   Falso. Você não vende pipocas.

3. Você vende diversos brinquedos para parques de diversões e quermesses. As rodas gigantes em sua linha de produtos têm os números de item de catálogo F-443, F-1668, F-235, F-126 e F-37. Quantos itens de catálogo têm números com quatro dígitos numéricos?

   Um. O F-1668.

4. Como se fala P-I-A-D-A? (Peça resposta verbal.)

   Como se diz J-A-N-G-A-D-A? (Peça resposta verbal.)

   Como se diz P-A-N-C-A-D-A? (Peça resposta verbal.)

   Como se diz M-A-N-C-A-D-A? (Peça resposta verbal.)

   Escreva como se chama a parte branca do ovo.

   Albumina ou clara de ovo. A clara do ovo não é a gema. Destaque a importância de não ter qualquer expectativa ao ouvir.

5. Você vende anéis de formatura e convites para formaturas. Enquanto exibia suas mercadorias certo dia no campus, vários estudantes colocaram pedidos. A primeira foi a Susan, depois Johnny, Penny, Malcom, Larry e Amy. Quem foi o terceiro estudante a colocar um pedido?

Penny.

6. Você vende equipamento de irrigação a agricultores. O Fazendeiro Fred, em Omaha, disse que tinha um lote de um alqueire que precisava ser irrigado. O Fazendeiro Frank, de Tulsa, disse que tinha um alqueire de terra que precisava ser irrigado. Verdadeiro ou falso? Suas terras têm o mesmo tamanho e formato e você pode vender exatamente o mesmo equipamento de irrigação para cada um.

Falso. Embora as áreas possam ser iguais, poderá haver diferença de formato. Um alqueire pode ser comprido e estreito, ou pode ser um quadrado, ou pode estar dividido em lotes. Destaque a importância de ouvir cuidadosamente e de transcender seu quadro de referência.

7. Você vende frutas a barraqueiros. Durante suas visitas de hoje, o Sr. Cereja comprou algumas laranjas, a Sra. Limão comprou algumas pêras, o Sr. Figo comprou algumas maçãs, a Sra. Kiwi comprou algumas uvas e a Sra. Morango comprou algumas bananas. Quem comprou as pêras?

A Sra. Limão.

Faça a avaliação dessa atividade discutindo como o ouvir também envolve a retenção de informações, não ter expectativas quanto à mensagem e não sermos limitados por nossos próprios quadros de referência. Pergunte quantos vendedores teriam considerado esse jogo mais fácil se pudessem ter feito anotações e observe que o ouvir pode ser bastante melhorado pelo simples ato de fazermos anotações.

Como nota final, pergunte quais participantes escreveram seus nomes em letra de forma no canto superior esquerdo do papel, como solicitado.

Se Estiver por Conta Própria

Peça a um amigo ou a alguém de sua família que leias as instruções na página 97 e então leia o quiz ao respondê-lo.

Quer Dizer Que o Que Você Está Dizendo É... ????

Em Resumo

Essa atividade ensina os vendedores a confirmarem sua compreensão da afirmação ou solicitação de um cliente. É uma boa atividade para verificar se seu pessoal de vendas freqüentemente faz apresentações sem compreender inteiramente a situação e as necessidades do cliente.

Tempo

De 10 a 15 minutos.

O Que é Necessário

Uma cópia da folha na página 104 para cada vendedor. Papel em branco para anotações.

O Que Fazer

Examine os passos para conformação de compreensão na folha da página 104.

Distribua uma folha de papel em branco a cada participante. Diga-lhes que lerá algumas declarações de clientes.

Sua tarefa é fazer anotações referentes aos fatos-chave que ouvirem e depois utilizar os quatro passos de conformação listados na folha distribuída para confirmarem a compreensão de sua declaração.

Quando tiverem uma declaração confirmadora pronta, devem ficar de pé.

Leia as declarações a seguir e peça aos primeiros vendedores que ficarem de pé que leiam suas declarações de confirmação.

1. Estou interessado em levar um grupo ao zoológico em 10 de abril. Haverá dez crianças, quatro adultos acima dos dezoito anos e quatro idosos. Dois dos adultos são estudantes. Você tem descontos especiais para estudantes e idosos? Ou um desconto de grupo?

2. Quero comprar um computador para minha filha como presente de fim de ano. Deve ter todo o software adequado para a idade dela – ela tem nove anos – mas não sei o que isso seria. E, bem, não sei o que devo gastar nem que tipo deveria comprar. Não disponho de muito dinheiro, mas quero algo que funcionará para ela.

3. Vocês têm em verde, vermelho e azul? Muito bem, Quero 24 – uma dúzia de cada.

4. Tenho mantido uma conta corrente e uma conta poupança com seu banco há alguns anos. Acabo de fazer 55 anos e agora não sei se deveria ter a Conta Ouro Sênior ou se devo manter a conta normal. Na verdade, minha esposa disse que poderíamos estar melhor servidos. Não emitimos muitos cheques a cada mês.

Se Tiver Mais Tempo

Divida os participantes em duplas. Um vendedor desenvolverá uma declaração complexa que seria ouvida no trabalho normal; o outro praticará a confirmação de sua compreensão. Depois, trocam de papéis e repetem a atividade.

Se Estiver por Conta Própria

Faça uma cópia da página 104 e mantenha-a à sua frente enquanto desenvolve declarações de confirmação para a declarações de clientes na página 102. Redija duas ou três declarações para cada cenário.

FOLHA PARA DISTRIBUIÇÃO

Confirmando sua Compreensão

Passo 1   **Use uma declaração de confirmação.**

Deixe-me confirmar...

Deixe que me assegure de ter compreendido sua solicitação...

Estão você quer...

Apenas gostaria de confirmar que...

Passo 2   **Resuma os fatos-chave.**

Você quer comparar benefícios de internações hospitalares.

Você quer saber se há lugares disponíveis na platéia.

Você está preocupado com o preço.

Passo 3   **Pergunte se sua compreensão está correta.**

Entendi isso corretamente?

Isto está correto?

Eu o compreendi corretamente?

Certo?

É isso?

Passo 4   **Esclareça mal-entendidos (se necessário).**

Sentimentos

Em Resumo

Este jogo focaliza em lidar com sentimentos de compradores. Nele, alguns vendedores desempenham o papel de compradores e demonstram um sentimento pré-selecionado enquanto outro vendedor está realizando uma apresentação. O restante do grupo determina como o vendedor poderia adaptar sua apresentação para lidar com os sentimentos do comprador.

Tempo

De 20 a 30 minutos.

O Que é Necessário

Um *flipchart* e canetas pilot.

O Que Fazer

Discuta o papel dos sentimentos de um comprador na determinação do resultado de uma apresentação de vendas. Peça ao pessoal de vendas que citem vários sentimentos que seus compradores poderiam manifestar e que poderiam influenciar suas apresentações. Afixe as respostas em um *flipchart*. Alguns exemplos podem ser desconfiança, empolgação, distanciamento, distração.

Peça que alguns voluntários façam o papel de um comprador e outros a de um vendedor. Peça a cada comprador que reveja o *flipchart* e selecione um sentimento a ser mostrado.

Peça a cada vendedor que prepare uma breve apresentação de produto. Quando o vendedor cumprimentar o comprador e iniciar sua apresentação, o comprador deve comunicar seu sentimento através de linguagem corporal além de através de palavras e tom de voz.

Diga ao vendedor e ao comprador que se divirtam um pouco com seus papéis. Isso não precisa ser uma apresentação séria e formal.

Depois de dois ou três minutos, interrompa a apresentação e faça as seguintes perguntas ao grupo:

1. Qual o sentimento exibido pelo comprador?

2. O que o comprador disse ou fez que transmitiu esse sentimento?

3. O que o vendedor poderia fazer durante o restante de sua apresentação para levar em conta os sentimentos do comprador? (Por exemplo, se o comprador estava desconfiado, o vendedor poderia oferecer provas de suas afirmações.)

Se Estiver por Conta Própria

Após cada visita de vendas desta semana, reserve um tempo para identificar os sentimentos do comprador. Quando tiver desenvolvido uma lista de sentimentos, trabalhe sozinho ou com outro vendedor em um *brainstorming* de meios para identificar esses sentimentos e lidar com eles durante suas apresentações.

7

Ele Fatia, Ele Pica

Jogos para Sucesso em Apresentações

O Que Quero Dizer É...

Em Resumo

Vendedores focam na identificação de palavras e termos que podem ser qualificados como jargão ou gíria. Este jogo de equipe é de ritmo rápido e ajuda pessoal de vendas de todos os níveis de experiência a se tornar mais consciente tanto de termos de jargão comuns quanto dos inusitados.

Tempo

De 15 a 20 minutos.

O Que é Necessário

Uma transparência das informações na página 113, ou as definições copiadas em um *flipchart* ou quadro branco. O pessoal de vendas precisará de papel e caneta.

O Que Fazer

Reveja as definições de jargão ou gíria para que todos saibam o que são.

Divida o grupo em equipes de duas ou três pessoas. Diga a cada equipe que designe um membro como jogador e outro como anotador. Se dividir o grupo em equipes de três, o terceiro membro pode ser o coach do jogador, ou dois jogadores podem se revezar.

Diga ao grupo que você lerá várias declarações de vendedores em uma variedade de campos de atuação. Eles deverão ouvir cada declaração atentamente e, então, seguir as seguintes instruções:

- Se a equipe ouvir um termo de jargão que não compreender, o jogador deve ficar de pé e colocar uma mão na cabeça.

- Se a equipe ouvir um termo de jargão que compreende (continua sendo jargão), o jogador deve colocar uma mão na barriga.

- Se a equipe ouvir gíria, o jogador deve ficar de pé em uma perna só.

Avise aos vendedores que cada declaração poderá exigir que adotem uma, duas ou até mesmo as três posições.

Leia as declarações em voz alta, uma de cada vez. Leia cada declaração duas vezes em ritmo normal. Dê às equipes alguns momentos para confabularem e assumirem suas posições (o anotador deve anotar os termos de gíria e de jargão).

Então, peça que uma das equipes identifique os termos de gíria e de jargão e diga por que assumiram essas posições. O jogo deve ser animado e divertido.

Dica! Você pode animar ainda mais esse jogo incluindo alguns jargões específicos à sua empresa ou ao seu setor industrial. Se possível, tome algum tempo antes de realizar o jogo para anotar algumas declarações típicas carregadas de jargão que vendedores poderiam usar em conversas com clientes. Adicione essas declarações às da página 111.

Declarações do Tipo "O Que Quero Dizer É..."

Os termos de jargão e as gírias estão sublinhados.

1. Quantos <u>mega</u> você quer no disco rígido?

2. Você está interessado na conta <u>Super Poupança</u> ou na conta <u>Max Plus</u>?

3. Seu sistema vem com alguns extras legais: track ball, supressor de surtos e filtro de claridade.

4. Apenas preencha este formulário, marque seu <u>DOB</u>, dê-nos seu <u>ATF</u> e sua <u>remessa</u>. É <u>moleza</u>.

5. Com esta cobertura, você será responsável por todos os <u>co-pagamentos</u> e suas franquias <u>PAD</u>, <u>CYD</u> e <u>PDD</u>. Nós assumiremos o resto.

6. Uma vez que tenha preenchido toda a documentação, calcularemos seus <u>pontos</u>. Depois calcularemos seu <u>adiantado</u> e descobriremos se você está apto a receber o empréstimo.

7. <u>Saquei!</u> Você precisa de um <u>1442 LX</u> e quatro caixas de papel. Você quer papel normal ou nosso <u>Laser DeLuxe</u> especial?

Se Estiver por Conta Própria

Faça uma apresentação de produto a alguns amigos ou familiares que não estejam muito familiarizados com seu produto ou setor. Dê a eles caneta e papel e peça que anotem qualquer gíria que você utilizar e quaisquer termos que não compreendam.

Reveja os termos anotados. A não ser que tenha certeza de que seu comprador compreenderá esses termos, elimine-os de suas apresentações ou, então, certifique-se de explicá-los.

Por exemplo, você poderá se referir ao papel na declaração 7 da página 111 como "Laser DeLuxe – nosso papel de primeira linha. É especialmente projetado para evitar o enrolamento que ocorre quando o papel normal passa por uma impressora a laser".

TRANSPARÊNCIA

jargão (s.m.) vocabulário específico a determinada profissão ou indústria.

Exemplos:　　PSA　　　　　(um exame de patologia clínica)

　　　　　　　drop ship　　(um método de entrega de produtos a compradores)

　　　　　　　quatro sem　(embarcação com quatro remadores sem patrão)

gíria (s.f.) utilização de vocabulário informal caracteristicamente mais metafórico, vívido e brincalhão do que a linguagem normal.

Exemplos:　　legal　　(bom, bonito)

　　　　　　　irado　　(espetacular, maravilhoso)

　　　　　　　Oi!　　　(uma saudação)

Brincando com o Sucesso

Em Resumo

Vendedores focam na apresentação de benefícios de produtos a clientes selecionando um brinquedo de uma caixa e convencendo o grupo a comprar seu brinquedo.

Tempo

De 15 a 20 minutos.

O Que é Necessário

Uma transparência ou um *flipchart* com as informações constantes da página 176. Uma caixa repleta de brinquedos de criança. Papel em branco para que os participantes escrevam benefícios quando os ouvirem. Um cronômetro.

O Que Fazer

Examine a transparência com o pessoal de vendas e destaque a importância de se apresentar benefícios durante uma apresentação de vendas.

Peça aos vendedores que selecionem um brinquedo da caixa de brinquedos. Sua tarefa é fazer uma apresentação de vendas rica em benefícios, de um minuto, com o objetivo de convencer a platéia a comprar seu brinquedo.

Distribua o papel em branco. Durante as apresentações, o restante do grupo procura ouvir benefícios e os anota no papel. No final de cada apresentação, pergunte ao grupo quantos benefícios ouviu.

Dê aos participantes dois minutos para prepararem suas apresentações e comece o jogo. Ofereça um pequeno prêmio ao vendedor que apresentou o maior número de benefícios em sua apresentação.

Cores

Go Big Red

Em Resumo

Vendedores praticam suas habilidades de apresentação e persuasão competindo entre si para aliciar os "compradores". O problema é que os produtos nada mais são do que cores – vermelho, verde, azul, amarelo etc. Este jogo é mais adequado a pessoal de vendas experiente que sejam habilidosos em fazer apresentações espontâneas e que estejam à vontade "competindo" com outros.

Tempo

Aproximadamente 20 minutos; o tempo variará dependendo do número de apresentações.

O Que é Necessário

Uma cópia da página 119. Papel, canetas, fita adesiva. Um relógio com ponteiro de segundos ou um marcador digital.

O Que Fazer

Faça uma cópia da página 119 e recorte nas linhas pontilhadas. Enquanto os vendedores estiverem fora da sala, afixe uma cor ao assento da cadeira de cada pessoa, com a fita adesiva.

Prepare o jogo dizendo aos vendedores que estarão competindo uns com os outros fazendo breves apresentações. O objetivo é fazer com que a "platéia" (os participantes) selecionem seu produto. Após todas as apresentações, o grupo votará para escolher quem foi o mais convincente.

Diga a eles que terão cinco minutos para prepararem suas apresentações e, no máximo, um minuto para apresentá-las. Por fim, avise-os de que cada um estará fazendo a apresentação de uma cor – um produto intangível. Podem dizer ou fazer o que quiserem de modo que a platéia escolha a sua cor em vez da de outro.

Uma vez que tenham compreendido o que terão que fazer, diga que olhem sob suas cadeiras e comecem. Após cinco minutos, peça a alguém que faça a primeira apresentação de um minuto. Prossiga até que todos tenham tido sua vez e, então, peça que votem para determinar o vencedor.

Tome alguns minutos para avaliar o jogo, discutindo o que foi eficaz e como isso pode ser levado para o ambiente de vendas em tempo real.

FOLHA PARA RECORTAR

Vermelho	Laranja
Amarelo	Roxo
Verde	Marrom
Preto	Cinza
Azul	Bege
Branco	Rosa

Quando Você Precisa Dizer Não

Em Resumo

Vendedores aprendem o que fazer quando precisam dizer "não" a um comprador através do desempenho de papéis de vendedores incapazes de atender às solicitações de compradores. Essa atividade é adequada para vendedores de todos os níveis – especialmente os que precisam dar más notícias a clientes.

Tempo

Dê 15 a 20 minutos.

O Que é Preciso

Uma transparência ou um *flipchart* com as informações na página 124. Uma cópia das instruções na página 125 para cada vendedor. Cópias do papel Nº 1 nas páginas 126 e 127 para a metade das pessoas no grupo. Cópias do papel Nº 2 nas páginas 128 e 129 para a outra metade das pessoas no grupo.

O Que Fazer

Discuta o fato de haver momentos em que vendedores não poderão atender às solicitações de todos os compradores. Por exemplo, o comprador pode desejar um produto ou serviço que a empresa não oferece ou um produto que está fora de estoque.

Quando um vendedor não puder atender as necessidades de um comprador ou quando tiver que dar uma má notícia, é importante lembrar de fazer três coisas. Refira-se à transparência ou ao *flipchart*.

1. Demonstrar empatia.
2. Explicar o motivo (se aplicável).
3. Dizer ao comprador o que de fato pode fazer.

Dê um exemplo aos participantes e então deixe a transparência projetada ou o *flipchart* à frente da sala.

Informe ao grupo que estará participando de dois desempenhos de papéis rápidos e divertidos nos quais poderão praticar essas habilidades. Divida o grupo em duplas e dê a cada pessoa uma cópia das instruções da página 125. Reveja as instruções com o grupo.

Distribua o Papel Nº 1 do vendedor a uma pessoa de cada dupla e o papel Nº 2, do comprador, à outra pessoa da dupla. Permita alguns momentos para reverem seus papéis. Lembre que poderão se referir aos passos relacionados na transparência ou no *flipchart*.

Responda a quaisquer perguntas e então inicie o desempenho de papéis. Estes não devem ultrapassar dois ou três minutos, incluindo feedback.

Avalie a primeira rodada de desempenho de papéis e então peça aos participantes que troquem de papel. Distribua o papel de vendedor para o Papel Nº 1 à pessoa que representou o comprador durante a primeira rodada, e o Papel Nº 2, do comprador, à pessoa que representou o vendedor. Após alguns momentos para que as pessoas revejam seus papéis, inicie a segunda rodada. Avalie o desempenho de papéis após dois ou três minutos.

Se Tiver Mais Tempo

Peça aos vendedores que desenvolvam situações nas quais tenham que recusar uma solicitação de um comprador ou dar uma má notícia. Registre as respostas em um *flipchart* ou quadro branco. Divida os participantes em grupos de três ou quatro pessoas e designe uma ou duas situações a cada grupo. Peça que se refiram aos passos listados na transparência ou no *flipchart* e desenvolvam declarações que possam fazer aos compradores para apresentar suas recusas de forma mais positiva.

Se Estiver por Conta Própria

Desenvolva uma lista de situações nas quais tem que recusar as solicitações de compradores ou dar más notícias. Refira-se aos passos listados na página 124 e desenvolva declarações que possa usar em cada situação para apresentar essas informações negativas de forma mais positiva.

TRANSPARÊNCIA

Quando Você Precisa Dizer Não

1. Demonstre Empatia.

2. Explique o motivo (se necessário).

3. Diga ao comprador o que de fato pode fazer.

FOLHA PARA DISTRIBUIÇÃO

Instruções

Quando você é o vendedor...

1. Leia a página inteira antes de iniciar o desempenho de papéis.
2. Cumprimente o comprador usando a declaração impressa em sua folha de cenário.
3. Responda à solicitação do comprador usando as informações em sua folha de cenário.
4. Refira-se aos passos afixados na sala e use os passos apropriados para dizer não.
5. O comprador lhe informará quando o desempenho de papéis tiver terminado.

Quando você é o comprador...

1. Leia a página inteira antes de iniciar o desempenho de papéis.
2. Depois de ser cumprimentado pelo vendedor, responda com sua primeira declaração.
3. Continue até que o vendedor lhe tenha dado todas as informações que solicitou.
4. Siga as instruções em sua folha de cenário para encerrar o desempenho de papéis.
5. Resumidamente, ofereça feedback sobre o desempenho do vendedor com base nas informações em sua folha de cenário.

Como Oferecer Feedback

Discuta o desempenho de papéis com o vendedor e parabenize-o pelos passos realizados corretamente. Se o vendedor não respondeu à sua solicitação com as habilidades apropriadas, observe o que deveria ter sido feito de acordo com sua cópia da folha. Lembre-se de que é importante ser apoiador, encorajador e honesto ao oferecer feedback a seus pares.

FOLHA PARA DISTRIBUIÇÃO

Papel de Vendedor Nº 1

Você é vendedor de campo da Food Systems, Inc., um grande atacadista de alimentos e suprimento para restaurantes.

Eis o que pode fazer:

- Oferecer uma linha de produtos de mais de 4 mil itens.
- Oferecer um cronograma de pagamentos de 20 dias para Cliente Preferencial mediante aprovação de crédito.
- Garantir entregas até às 9 horas.

Eis o que não pode fazer:

- Fornecer lacticínios, hortifrutigranjeiros ou outros produtos frescos.
- Oferecer prazos de pagamento maiores que 20 dias.
- Garantir entrega de manhã cedo.

Cumprimente o comprador dizendo: "Bom-dia, meu nome é <seu nome> da Food Systems, Inc. Obrigado por ligar para marcar esta reunião. Em que posso ajudá-lo hoje?"

O comprador lhe dirá quando a visita de vendas estiver encerrada.

FOLHA PARA DISTRIBUIÇÃO

Papel de Comprador Nº 1

Você é dono de um restaurante e ligou para a Food Systems, Inc. para marcar uma visita de um vendedor para discutir seus serviços de alimentos no atacado. Quando o vendedor lhe cumprimentar, diga: **"Estou procurando um novo fornecedor para nosso restaurante. Você oferece hortifrutigranjeiros além de produtos embalados?"**

O vendedor deverá informá-lo de que não fornece hortifrutigranjeiros, mas oferece uma linha de produtos de mais de 4 mil itens.

Depois que o vendedor responder à sua primeira pergunta, diga: **"Cozinhamos tudo na parte da manhã, portanto precisamos de suprimentos até cerca das 7 ou 8 horas. Vocês podem entregar até esse horário?"**

O vendedor deverá informá-lo de que pode garantir entrega até às 9 horas.

Depois que o vendedor tiver explicado seu cronograma de entregas, diga: **"Bem, isso provavelmente funcionaria. Só mais uma coisa – eu pago as despesas maiores uma vez por mês. Você consegue um prazo de pagamento de 30 dias?"**

O vendedor deve oferecer um prazo de 20 dias mediante aprovação de crédito.

Uma vez respondidas às suas perguntas, encerre o desempenho de papéis dizendo: **"Obrigado. Vou dar uma olhada nos livros e lhe darei uma ligada se isso funcionar."**

Crítica:

Ao negar suas solicitações, o vendedor usou os passos relacionados?

FOLHA PARA DISTRIBUIÇÃO

Papel de Vendedor Nº 2

Você é representante de vendas interno da Quicknet, um provedor de acesso à Internet.

Eis o que pode fazer:

- Oferecer uma taxa inicial de $49,00 pelos primeiros três meses (o serviço será de $20,00 por mês após esse período).

- Oferecer suporte técnico (via e-mail) e um prazo de retorno de quatro horas para suporte técnico pelo telefone.

- Envio do pacote de software de instalação através de entrega no dia seguinte.

Eis o que não pode fazer:

- Oferecer um período de teste gratuito.

- Dar suporte técnico imediato pelo telefone.

- Conectar o cliente à Internet antes que tenha instalado o software.

- Cumprimente a pessoa que está ao telefone dizendo: "Quicknet, boa-tarde. <seu nome> falando. Em que posso ajudá-lo?"

A pessoa que ligou lhe informará quando a ligação está encerrada.

FOLHA PARA DISTRIBUIÇÃO

Papel de Comprador Nº 2

Você está ligando para a Quicknet, um provedor de acesso à Internet. Quando o vendedor lhe cumprimentar você diz: **"Gostaria de acesso à Internet e ouvi falar de um provedor que está oferecendo dez dias de experiência grátis. Vocês fazem isso?"**

O vendedor deverá dizer que não e informá-lo de sua oferta inicial.

Depois que o vendedor tiver explicado a oferta, diga: **"Bem, e se eu tiver perguntas após ter estabelecido a conexão? Vocês têm um help line que está sempre disponível?"**

O vendedor deverá lhe dizer como obter suporte técnico.

Depois que o vendedor tiver explicado como obter suporte técnico, diga: **"Bem, parece bom. Você pode me conectar agora? O número do meu modem é 805-555-6723."**

O vendedor deve informá-lo de que terá que instalar o software primeiro e deverá oferecer enviá-lo a você.

Depois que o vendedor tiver respondido às suas perguntas, encerre a ligação dizendo: **"Parece bom. Deixe-me pegar meu cartão de crédito e ligo de volta."**

Crítica:

Ao recusar suas solicitações, o vendedor usou os passos relacionados?

Vestidos para o Sucesso

Em resumo

Este é um jogo para elevar o nível de consciência para pessoal de vendas de todos os níveis. Os participantes examinam seus próprios preconceitos e impressões com base na aparência das pessoas e, então, discutem que impressões os compradores poderiam ter deles, com base em sua aparência.

Tempo

De 10 a 15 minutos.

O Que é Necessário

Selecione várias (pelo menos cinco por grupo) fotografias de pessoas em revistas ou anúncios impressos. As fotos devem representar uma população que seja a mais diversa possível. As fotos não devem retratar pessoas famosas ou reconhecíveis.

O Que Fazer

Divida vendedores em grupos de três ou quatro pessoas e dê a cada grupo várias fotografias para examinar.

Diga a eles que discutam entre si as impressões que têm dessas pessoas com base unicamente em sua aparência nas fotos.

Após cerca de cinco minutos, peça que alguns voluntários relatem as impressões de cada grupo. Então, peça que pensem a respeito das impressões e discutam quais as impressões que compradores poderiam ter deles (dos vendedores) com base em sua aparência.

Enfatize que o objetivo desse jogo não é debater se essas primeiras impressões são justas ou não. Os vendedores devem focar unicamente em que impressão sua aparência causa nos compradores potenciais.

Dica! Mantenha as fotos de revistas em um arquivo para uso futuro. Você pode adicionar fotos ao arquivo sempre que encontrar uma que considere adequada.

Você poderá mencionar que especialistas sugerem que funcionários devem sempre se vestir como se tivessem um cargo um degrau acima de seu cargo atual. Isso causa impressão favorável em clientes e gerentes e pode ajudá-los a conquistar consideração para promoção.

Se Estiver por Conta Própria

De próxima vez que ler uma revista, olhe para as fotos de pessoas em artigos e anúncios. Que impressões você tem dessas pessoas com base em sua aparência?

Vista-se como normalmente faz para uma reunião de vendas típica. Dê uma olhada no espelho. Que impressão tem da pessoa no espelho? É a impressão que deseja que seus clientes tenham de você? Se não for, o que precisa mudar para que clientes tenham uma impressão mais favorável?

Se gosta de fazer compras, eis outra idéia. Passe uma hora ou duas em suas lojas de roupas preferidas. Experimente várias roupas adequadas para o trabalho e atribua os seguintes adjetivos a cada "look" – mulambento, poderoso, divertido etc.

Soluções de Vendas

Jogos para a Solução de Problemas

Ingresso para o Sucesso

Em Resumo

Nesta atividade, vendedores ajudam uns aos outros a resolver problemas de vendas atuais. É adequada para todo o pessoal de vendas, até o pessoal novo que pode oferecer novas perspectivas para situações de vendas.

Tempo

De 10 a 15 minutos.

O Que é Necessário

Uma cópia da folha para distribuição na página 139 para cada participante.

O Que Fazer

Distribua uma cópia da página 139 a cada vendedor antes de iniciar a sessão. Diga aos vendedores que leiam as instruções, preencham a folha e a tragam para a sessão. Servirá como seu "ingresso".

Quando os vendedores estiverem reunidos para o jogo, instrua-os que passem seu "ingresso" para a pessoa à sua esquerda. Cada vendedor terá agora um "ingresso" com o problema de outra pessoa nele. Permita de 20 a 30 segundos para que os vendedores considerem o problema e escrevam a solução no verso do formulário. Decorridos 20 a 30 segundos, grite "Hora do Show", que servirá como indicação de que os vendedores devem passar o ingresso para a pessoa à sua esquerda.

Continue dessa maneira até que cada vendedor tenha recebido sua folha de volta. Permita alguns momentos para a avaliação das soluções no verso do formulário; então, encerre a sessão.

Se Estiver por Conta Própria

Crie uma lista de seus três maiores problemas de vendas. Peça conselhos de um amigo ou de um vendedor de outro setor industrial. Mesmo que possam não entender inteiramente o seu ambiente de vendas, seu input poderá dar idéias que lhe ajudarão a ver o problema sob outro prisma e a encontrar uma solução.

FOLHA PARA DISTRIBUIÇÃO

Ingresso para o Sucesso

Instruções:

Considere um problema de vendas que está tendo atualmente e anote-o nas linhas abaixo. Traga isto com você na próxima sessão. Servirá como bilhete de ingresso.

_____
_____
_____
_____
_____
_____
_____
_____

O Grande Debate de Vendas

Em Resumo

Este é um jogo movimentado. O grupo é dividido em dois times que devem debater um com o outro para determinar a melhor solução para uma situação de vendas difícil.

Tempo

De 15 a 20 minutos.

O Que é Necessário

Duas cópias da folha na página 143. Vendedores precisarão de papel e caneta. Você precisará de um *flipchart* e canetas pilot.

O Que Fazer

Divida o grupo em dois times de igual tamanho. Diga-lhes que examinarão um cenário de vendas e depois realizarão um debate para determinar o curso de ação a ser empreendido pelo representante de vendas.

Dê a cada time uma cópia da folha e designe uma posição a ser defendida por cada equipe. Permita alguns minutos para que discutam sua posição e elejam um porta-voz. Então, realize o debate.

À medida que o debate for ocorrendo, você pode anotar os "prós" da posição de cada time em um *flipchart* ou quadro branco dividido em duas colunas. O objetivo deste debate não é que um time vença, e sim que o grupo examine e discuta uma variedade diversa de problemas de vendas.

Perguntas para Discussão

P: O que você aprendeu com o debate?

P: Quantos de vocês representaram uma posição que não teriam assumido se tivessem escolha?

P: Como uma situação similar teria sido resolvida se ocorresse aqui em nossa organização?

Se Tiver Mais Tempo

Realize um segundo debate, desta vez focalizando uma situação de vendas que os participantes poderiam enfrentar em seu trabalho diário.

FOLHA PARA DISTRIBUIÇÃO

Você trabalha na Fábrica de Rebimbocas Wanamaker como representante de vendas interno. Sua empresa está enfrentando uma escassez de rebimbocas e estabeleceu um limite temporário sobre vendas de rebimbocas: 2 mil rebimbocas por cliente por semana. Certo dia, você recebe uma ligação de Alvin Zinger da Suprimentos South Coast. Ele é um cliente antigo que geralmente pede cerca de 4 mil rebimbocas por semana. Quando você conta a Alvin sobre o limite temporário sobre vendas de rebimbocas, ele lhe informa que ou ele consegue 4 mil rebimbocas por semana de você ou ele comprará 4 mil rebimbocas de seu concorrente, a Fábrica de Rebimbocas Walla Walla. Argumente em favor da posição de sua equipe, independentemente daquilo que faria se realmente enfrentasse a situação em seu trabalho diário.

Time A:

Sua posição é que a fábrica deveria abrir uma exceção para o Sr. Zinger e concordar em vender a ele 4 mil rebimbocas por semana.

Time B:

Sua posição é que o Sr. Zinger não deve receber mais do que a quota de rebimbocas já estabelecida.

Regras para o Debate:

1. Todos os membros do seu time devem participar da discussão em equipe.

2. Designe um porta-voz para argumentar em favor de sua posição.

3. Você terá cinco minutos para discutir sua posição e chegar a uma lista de motivos para apoiá-la. Então, terá dois minutos para falar sobre por que o curso de ação de seu time é o melhor.

4. Depois que cada time tenha falado, o seu terá dois minutos para elaborar uma réplica ao argumento do outro time. Você, então, terá um minuto para expor sua réplica e o debate termina.

Caça-problemas

Em Resumo

Este jogo é projetado para ajudar vendedores a encontrar soluções para problemas comuns no ambiente de vendas. Beneficiam-se do poder mental coletivo do grupo e encontram respostas viáveis para dificuldades reais. É adequado para todo o pessoal de vendas e é uma excelente maneira para aliviar estresse e frustração.

Tempo

Aproximadamente 15 minutos.

O Que é Necessário

Uma transparência ou *flipchart* contendo as informações na página 147.

O Que Fazer

Peça ao grupo que examine a transparência ou o *flipchart* e acrescente quaisquer problemas gerais que comumente enfrenta em vendas. (Neste ponto, os vendedores devem se afastar de problemas específicos a um determinado cliente ou a determinada conta.) Anote os acréscimos no *flipchart*.

Para encorajar a discussão, posicione os vendedores em círculo. Siga a lista de problemas comuns, um item de cada vez, e peça ao grupo que faça um *brainstorming* de soluções ou alternativas. Tente capturar pelo menos três idéias para cada problema e certifique-se de que você ou alguém as anote.

Depois da sessão, digite a lista de soluções sob o título "Caça-Problemas" e faça cópias para que cada vendedor possa tê-las sempre à mão.

Se Estiver por Conta Própria

Elabore uma lista de três soluções possíveis para cada problema. Você pode querer fazer um *brainstorming* de soluções com um amigo ou membro de sua família que seja vendedor de outro setor industrial.

TRANSPARÊNCIA

Problemas para Caça-Problemas

- **O comprador não consegue tomar uma decisão.**

- **Você não consegue entrar em contato com o comprador.**

- **O comprador tem estado com outro fornecedor há muito tempo.**

- **O comprador não tem dinheiro no momento.**

- **Sua empresa não consegue entregar os pedidos.**

-

-

-

-

-

A Conta Perdida

Em Resumo

Neste jogo, os participantes imaginam que perderam sua melhor conta e devem reavê-la. Após relacionarem todos os passos que empreenderiam, verificarão para terem certeza de que estão empreendendo todos esses passos agora. Este jogo é especialmente adequado para pessoal de vendas que gerencia grandes contas.

Tempo

De 10 a 15 minutos.

O Que é Necessário

Uma cópia da folha na página 151 para cada vendedor.

O Que Fazer

Peça aos vendedores que escrevam o nome de sua maior conta na folha. Agora, peça que fechem os olhos e imaginem que o telefone está tocando e seu contato dessa conta está ligando para dizer que perderam a conta. O cliente irá utilizar outro fornecedor. Peça que imaginem o que aconteceria como resultado da perda dessa conta importante.

Depois de 30 a 60 segundos, peça aos vendedores que abram os olhos e respondam à primeira pergunta na folha.

Agora, peça aos vendedores que trabalhem individualmente ou em pequenos grupos e elaborem um plano de ação para reaver a conta.

Por exemplo, poderiam se reunir com contatos-chave para rever seu desempenho, poderiam rever a estrutura de estabelecimento de preços ou poderiam desenvolver outros contatos dentro da conta.

Depois de dois ou três minutos, peça aos vendedores que revejam sua lista e coloquem uma marca perto das ações que já estão empreendendo. Se houver ações que não estejam realizando, peça que as iniciem dentro de 24 horas.

Conclua a sessão pedindo que fechem os olhos e visualizem a conclusão bem-sucedida de seus itens de ação e a satisfação dos contatos-chave da conta.

Se Estiver por Conta Própria

Tome alguns minutos em um lugar sossegado e imagine que perdeu sua melhor conta. Preencha a página 151. Quando tiver terminado, reveja os passos que anotou e coloque uma marca ao lado dos que está empreendendo atualmente. Faça planos para concluir quaisquer outros passos necessários para manter essa conta.

FOLHA PARA DISTRIBUIÇÃO

Minha Maior Conta é: _____

Se eu perder essa conta, resultaria o seguinte:

_____

_____

_____

Eis os passos que empreenderia para reaver minha maior conta:

❏ _____

_____

❏ _____

_____

❏ _____

_____

❏ _____

_____

❏ _____

_____

9

O Grande Final!

Jogos para Encerramento e para Lidar com Objeções

Implore pelo Seu Jantar

Em Resumo

Este jogo oferece uma maneira divertida para ilustrar a importância e pedir a venda. Vendedores trabalham sozinhos ou em duplas para escrever uma canção ou um jingle anunciando seu produto e pedindo a compradores que o adquiram.

Tempo

15 minutos.

O Que é Necessário

Uma transparência ou um *flipchart* com as informações da página 157. Vendedores precisarão de papel e caneta.

O Que Fazer

Decida se quer que os vendedores trabalhem sozinhos ou em duplas.

Discuta resumidamente a importância de pedir a venda – às vezes, esse passo crucial é esquecido ou negligenciado por vendedores.

Você poderá iniciar conversando a respeito das razões pelas quais isso acontece, anotando as razões em um *flipchart*.

Diga aos vendedores que irão praticar a solicitação da venda compondo uma canção – não é necessário qualquer talento musical.

Revele a transparência ou *flipchart* e diga a eles que usem qualquer das músicas para escreverem uma canção apresentando seu produto e pedindo a venda.

Dê aos vendedores de 7 a 10 minutos para escreverem suas canções e peça que as compartilhem com o grupo.

TRANSPARÊNCIA

Implore pelo seu Jantar

Escolha entre essas músicas:

- "Rema, rema remador"

- "Frère Jacques"

- "Garota de Ipanema"

- "Balão Mágico"

- "Você"

- "Velha Infância"

- "Desesperar, Jamais"

- "Baila Comigo"

Objeção!

Em Resumo

Este é um jogo rápido e movimentado que dá ao pessoal de vendas uma oportunidade de praticar a superação de objeções.

Tempo

De 5 a 10 minutos.

O Que é necessário

Faça uma cópia da página 161 e recorte nas linhas pontilhadas para que tenha dez pedaços de papel, cada um contendo uma objeção. Coloque as objeções em um pequeno chapéu, cesto ou caixa.

O Que Fazer

Estabeleça o jogo definindo "objeção" e perguntando aos vendedores que tipos de objeção normalmente recebem de seus clientes.

Diga-lhes que neste jogo praticarão a superação de algumas objeções comuns. Selecione um produto ou serviço fictício no qual focar durante o jogo. Um de cada vez, os vendedores tirarão uma objeção do chapéu e a anunciarão ao grupo. Os demais participantes devem tentar superar a objeção. (Pode haver mais de uma resposta.)

Antes de iniciar o jogo, leia o exemplo a seguir para o grupo:

Vendedor: Então, João, quando seria um bom momento para iniciar suas aulas de golfe?

Comprador: Bem, não sei. O preço parece um pouco alto. Já estou gastando bastante em golfe.

Vendedor: Encare a coisa da seguinte maneira: Sempre que vai ao campo, isso custa dinheiro. Não seria melhor gastar algum desse dinheiro para melhorar seu jogo?

Comprador: É uma boa idéia. Está certo, vou tentar.

Se Tiver Mais Tempo

Repita o jogo, dessa vez com seus próprios produtos ou serviços e com as objeções com que seus vendedores freqüentemente se deparam.

RECORTE

| Não gosto da cor. | Não precisamos disso. |

| É caro demais. | Não vejo motivo algum para mudar meu fornecedor atual. |

| Não é conveniente. | Não conheço ninguém que tenha um. |

| Demora demais. | Estou me virando muito bem sem ele. |

| Todos teriam que aprender a usá-lo. | Receio que se tornará ultrapassado rápido demais. |

Equilibrando a Balança

Em Resumo

Essa atividade ressalta a importância de coletar informações sobre as necessidades do comprador para que se tenha peso para equilibrar as objeções do comprador. É adequada para pessoal de vendas de todos os níveis.

Tempo

De 10 a 15 minutos.

O Que é Necessário

Uma pedra de tamanho médio para representar uma objeção de comprador. Três pedras menores pintadas de dourado ou embrulhadas em papel dourado para representar benefícios de produtos. Um recorte de uma balança ou duas cestas ou dois chapéus para representar os dois lados de uma balança.

O Que Fazer

Rever o conceito de conhecimento das necessidades do comprador e apresentação de benefícios para se equiparar a essas necessidades.

Discuta como esses benefícios previamente aceitos podem ser utilizados como peças de ouro para contrabalançar as objeções de clientes que surgem mais tarde durante a visita de vendas.

Peça aos vendedores que digam objeções comuns que enfrentam no decorrer de suas visitas de vendas.

Relacione-as em um *flipchart* ou quadro branco e selecione duas, quatro ou seis, dependendo do tempo disponível para o jogo.

Divida o grupo em duas equipes. Jogue uma moeda ou use outro meio para determinar qual equipe irá primeiro. Pegue a primeira objeção e coloque a pedra que a representa no lado esquerdo da "balança". Diga à primeira equipe que terá 30 segundos para adicionar três peças de ouro ao lado direito da balança para equilibrá-la. Cada peça de ouro representará um benefício. Diga, por exemplo, que a pedra representa a objeção "Não tem em vermelho". Nesse caso, as três peças de ouro poderiam representar os seguintes benefícios:

1. É mais barato.
2. Pode ser personalizado para reforçar o slogan da empresa.
3. É feito de material de melhor qualidade e não terá que ser substituído com tanta freqüência.

Atribua um ponto para cada peça de ouro que for adicionada ao lado direito e um ponto extra se a equipe adicionar três peças de ouro à balança.

Selecione outra objeção e deixe que a segunda equipe equilibre a balança. Continue até que tenha equilibrado a balança para todas as objeções. Some os pontos e ofereça um pequeno prêmio à equipe vencedora.

Se Tiver Mais Tempo

Peça aos vendedores que desenvolvam uma lista de perguntas que possam usar para descobrir os benefícios que podem superar objeções comuns.

Se Estiver por Conta Própria

Faça uma lista das objeções que encontra mais comumente em seu trabalho. Trabalhe sozinho ou com um amigo ou colega de trabalho para desenvolver uma lista de possíveis benefícios que poderia usar para contrabalançar cada objeção.

Custa Quanto?

Em Resumo

Neste jogo, vendedores praticam a superação de objeções de preço para produtos do dia-a-dia. É adequado a todos os níveis de pessoal de vendas.

Tempo

De 15 a 20 minutos.

O Que é Necessário

Uma cópia da página 169 para cada oito participantes. Um chapéu, uma cesta ou uma caixa.

O Que Fazer

Discuta o fato de objeções de preço poderem ser freqüentemente superadas quando se lembra o comprador de benefícios de produto que considerou valiosos. Diga aos vendedores que irão trabalhar em duplas para praticarem a superação de objeções de preço.

Recorte as cópias da página 169 em cenários individuais e coloque-os em um chapéu, em uma caixa ou em uma cesta. Divida os vendedores em duplas e faça com que cada dupla retire um cenário.

As duplas deverão trabalhar em conjunto para desenvolver uma declaração que esperam superar uma objeção de preço. Devem também desenvolver uma pergunta para confirmar que superaram a objeção com sucesso.

Leia o seguinte exemplo para o grupo:

Se um comprador aceitou benefícios relacionados à memória, à velocidade, e ao tamanho de um computador notebook e fez objeção ao preço, o vendedor poderia ter dito: "O preço pode parecer um pouco mais alto, mas vejamos o pacote total. Esse computador tem duas vezes mais memória. É sempre mais barato comprar memória junto com seu computador em vez de aumentá-la mais tarde, porque evita os custos de mão-de-obra. A velocidade de processamento maior significa que você terá as informações em sua tela em segundos e evitará a frustração de ficar ali sentado esperando o carregamento dos programas e dados. Você também disse que viaja muito e o peso e tamanho menores desse notebook são atraentes. No geral, não acha que essas vantagens superam o preço ligeiramente maior?"

Dê aos vendedores de três a quatro minutos para desenvolverem suas declarações e, então, faça com que cada grupo compartilhe seu cenário e sua declaração em voz alta.

Se Tiver Mais Tempo

Faça com que os vendedores joguem novamente, dessa vez com cenários de produtos de sua própria empresa que tenham sido preparados com antecedência.

Se Estiver por Conta Própria

Redija uma declaração e uma pergunta confirmadora para superar cada objeção de preço na página 169.

RECORTE

Superando Objeções de Preço

Cenário Um

Você é representante de vendas da Six Seas Travel. Está falando com Sr. e Sra. Alfonse sobre seu próximo cruzeiro. Os Alfonse aceitaram os benefícios relacionados ao bufê de 24 horas, o observatório a bordo e as aulas de tango de manhã e à noite. Quando você apresenta o preço, a Sra. Alfonse dá um grito esganiçado: "Custa quanto?"

Cenário Dois

Você é representante de vendas da Sun-Daze e está mostrando um conjunto de móveis de varanda a Ella Silva. Ela aceitou os benefícios relacionados ao singular guarda-sol com listras verdes e roxas, às cadeiras com padrão de bolotas para combinar (ela acha que serão a sensação do bairro) e ao fato de que o conjunto tem uma garantia de seis anos contra desbotamento pelo sol. Quando você apresenta o preço, ela grita: "Custa quanto?"

Cenário Três

Jimmy Rae Jones quer entrar em forma mas fica adiando seu programa de exercícios. Ele está examinando seu novo relógio esportivo e aceitou os benefícios relacionados ao indicador de pulsação cardíaca, ao odômetro embutido e ao fato de que o alarme não desligará até que tenha caminhado um quilômetro. Quando você apresenta o preço, Jimmy Rae uiva: "Custa quanto?"

Cenário Quatro

Você trabalha na academia de dança Pés de Valsa. Rae Jones está considerando aulas de dança e aceitou benefícios relativos à boa localização da academia, ao número de solteiros disponíveis em cada aula e ao fato de que são servidos bolo e ponche durante os intervalos. Quando você apresenta o preço da aula, ela desmaia e, após ser reanimada, pergunta: "Custa quanto?"

10

Não É Só Isso!

Jogos para Vendas Verticais e Vendas Horizontais

Não é Apenas uma Fruta

Em Resumo

Neste jogo, participantes aprendem a fazer vendas horizontais ou de substituição esboçando os atributos e benefícios de "produtos" comuns como bananas. O jogo auxilia os vendedores a reconhecerem rapida e criativamente os benefícios de um produto.

Tempo

10 minutos.

O Que é Necessário

Uma transparência ou *flipchart* com as informações na página 176. Papel de *flipchart* em branco e canetas pilot.

O Que Fazer

Usando a transparência, discuta os conceitos de atributos e benefícios. Lembre os vendedores de que clientes compram benefícios, não atributos, e que destacar benefícios é especialmente importante quando se está tentando realizar vendas horizontais ou de substituição.

Divida os participantes em grupos de três a cinco pessoas. Explique que sua tarefa é trabalhar em conjunto para desenvolver uma lista de atributos e benefícios para alguns "produtos" comuns.

Designe um produto dentre os seguintes para cada grupo:

- Uma banana
- Um alfinete de fralda
- Um pirulito
- Um gato
- Uma rosa
- Um biscoito de chocolate

Distribua um pedaço de papel de *flipchart* em branco e uma caneta para cada grupo. Peça aos participantes que listem os atributos de seu produto e depois listem os benefícios correspondentes. Uma das maneiras de descobrir benefícios é perguntar: "E daí?" Por exemplo: "Nosso filtro solar tem um FPS de 15." "E daí?" "E daí você pode ficar mais tempo ao sol sem se queimar."

Depois de quatro ou cinco minutos, peça a cada grupos que apresente os atributos e benefícios de seu produto. Pergunte "E daí?" após cada atributo até que o grupo concorde em que um forte benefício tenha sido apresentado.

Se Tiver Mais Tempo

Faça com que cada grupo desenvolva um gráfico de atributos e benefícios para um dos produtos de sua empresa. Depois de feitas as apresentações, prepare um texto atraente com as informações sobre o atributo e o benefício e distribua-o para uso no trabalho.

Se Estiver por Conta Própria

Reveja as definições de atributos e benefícios na página 176 e, então, desenvolva uma lista de atributos e benefícios para cada um dos produtos listados na página 174. Então, elabore uma lista de atributos e benefícios para seus próprios produtos ou serviços.

TRANSPARÊNCIA

Atributos e Benefícios

Um **atributo** é uma parte ou qualidade distinta de um produto ou serviço.

"Nosso protetor solar tem um FPS de 15."

"Isso significa que você pode ficar mais tempo ao sol sem se queimar."

Um **benefício** é o valor do atributo para o cliente.

Parcerias de Produtos

Em Resumo

Vendedores recebem produtos para representarem e se misturam uns com os outros para estabelecerem o maior número de "parcerias" que puderem com base em pontos comuns entre seus dois produtos. Este jogo reforça o pensamento criativo e a capacidade de estabelecer relacionamentos entre objetos diversos. É ideal para vendedores que precisam realizar vendas horizontais.

Tempo

De 10 a 15 minutos.

O Que é Necessário

Uma cópia da lista de produtos na página 180. Um chapéu, um saco ou uma cesta. Vendedores também precisarão de papel e caneta e podem desejar uma prancheta ou outra superfície para escrever.

O Que Fazer

Recorte a cópia da lista de produtos na página 180 em pedaços para que tenha 16 pedaços de papel, com um produto em cada um. Coloque isso no "chapéu".

Diga aos vendedores que precisarão selecionar um produto para representar e, então, rodar a sala e falar com outros vendedores para tentar estabelecer parcerias baseadas em um ponto comum entre seus produtos. O objetivo é criar o maior número de parcerias possível dentro do tempo estabelecido.

Por exemplo, alguém que vende laranjas poderia ser capaz de criar uma parceria com alguém que vende maçãs porque ambos vendem frutas. A mesma pessoa poderia criar uma parceria com alguém que venda bolas porque seus produtos respectivos são, ambos, redondos.

Vendedores devem trabalhar uns com os outros para estabelecer relacionamentos entre seus produtos, mas não devem gastar mais de um ou dois minutos com cada parceiro potencial. Nenhum dos vendedores será capaz de estabelecer um relacionamento com cada pessoa com quem falar. Cada vez que estabelecerem uma parceria, devem registrar seu parceiro e o relacionamento de produtos em uma folha de papel.

Uma vez que tenha explicado o jogo, peça aos participantes que escolham um produto do "chapéu" e iniciem o jogo. Após cerca de dez minutos, interrompa o jogo e peça voluntários para compartilharem seus resultados.

Nota para o Treinador: São possíveis incontáveis combinações. A seguir, estão apenas algumas:

1. Coisas que pessoas usam no trabalho (telefone, livros, papel, computador, caixas de papelão, óculos).

2. Coisas que pessoas gostam de receber como presentes (flores, roupas, chocolates, fitas de músicas e CDs).

3. Coisa que pessoas colocam em suas mesas de centro em casa (flores, livros, chocolates).

4. Coisas que pessoas usam para se comunicar (telefones, computadores, canetas, papel, instrumentos musicais).

5. Coisas que quase todo mundo tem (telefone, carros, livros, sapatos, televisões).

6. Coisas sobre as quais você paga impostos (tudo).

7. Coisas que morrem (flores, carros).

Se Tiver Mais Tempo

Peça aos participantes que trabalhem em pequenos grupos para desenvolverem "parcerias de produtos" para os seus produtos e serviços.

Se Estiver por Conta Própria

Isso é menos do que jogo se estiver sozinho, mas ainda é um excelente exercício para pensamento criativo. Seguindo os exemplos acima, crie quantas parcerias puder entre os produtos na página 180.

RECORTE

Lista de Produtos

Você vende livros.	Você vende papel.
Você vende telefones.	Você vende sapatos.
Você vende equipamento de computadores.	Você vende instrumentos musicais.
Você vende canetas e lápis.	Você vende caixas de papelão.
Você vende flores.	Você vende óculos.
Você vende chocolates.	Você vende móveis.
Você vende roupas.	Você vende automóveis.
Você vende artigos esportivos.	Você vende televisores.

E Por Falar Nisso...

Em Resumo

Vendedores aprendem a identificar oportunidades para vendas verticais (up-selling) e as praticam. Este jogo é adequado para o pessoal de vendas que tem a oportunidade de aumentar o valor de pedidos, especialmente os que são novos na área de vendas.

Tempo

De 5 a 10 minutos.

O Que é Necessário

Uma cópia da folha para distribuição na página 183 para cada um dos participantes. Uma cópia da página 184 para cada quatro participantes. Um chapéu, uma caixa ou uma cesta.

O Que Fazer

Distribua e reveja a folha da página 183. Diga aos participantes que estarão trabalhando em duplas para praticar vendas verticais.

Recorte as cópias da página 184 em cenários individuais e coloque-os no chapéu, na caixa ou na cesta. Divida os vendedores em duplas e peça a cada dupla que retire um cenário do chapéu. As duplas deverão trabalhar em conjunto para praticar vendas verticais.

Por exemplo, suponha que o cenário diga: "O cliente pede uma grosa de lápis. Veja se o cliente está interessado em economizar cinco centavos por lápis encomendando duas grosas." Nesse caso, a declaração poderia ser: "São 144 lápis a sessenta e cinco centavos cada um. Sabe, Elliott, posso reduzir seu preço em cinco centavos por lápis se você pedir duas grosas. Isso seria bom para você?"

Dê às duplas de 2 a 3 minutos para desenvolverem suas declarações e, então, peça que compartilhem suas declarações com o grupo.

Se Tiver Mais Tempo

Fale de oportunidades para vendas verticais no ambiente dos vendedores e jogue novamente usando cenários de produto reais.

Se Estiver por Conta Própria.

Reveja a página 183 e, então, desenvolva declarações de vendas verticais para cada cenário da página 184. Depois, experimente redigir declarações de vendas verticais para algumas de suas situações de vendas da vida real.

FOLHA PARA DISTRIBUIÇÃO

Vendas Verticais (Up-selling)

Quando você realiza uma venda vertical, você aumenta o valor de um pedido solicitando ao cliente que se comprometa com uma quantidade maior. Isso é normalmente feito quando clientes podem obter uma redução de preço ou outra vantagem de comprarem uma quantidade maior. Ao realizar vendas verticais, sempre ressalte um benefício para o cliente (sublinhamos o benefício para mostrar o que queremos dizer). A venda vertical é mais ou menos assim:

Sr. Smith, posso <u>reduzir esse preço para o senhor em $2,48</u> por unidade caso aumente seu pedido em duas caixas. Isso faz sentido para o senhor?

John, estamos com uma oferta especial essa semana que o ajudará a <u>reduzir seus custos</u>. Posso lhe oferecer 25% de desconto se pedir pelo menos 100. Gostaria de fazer isso?

Vi que estava olhando essa grande caneca de viagem. Sabe, se comprar $45,00 em mercadorias hoje, pode ganhar uma dessas canecas <u>de graça</u>! Posso lhe mostrar algo de nossa linha?

Os passos para uma venda vertical são como segue:

1. Explique como o cliente pode economizar dinheiro aumentando o pedido. Certifique-se de ressaltar um benefício para o cliente.

2. Peça ao cliente que se comprometa com um pedido maior.

RECORTE

Vendas Verticais (Up-selling)

Cenário Um

Você trabalha para o teatro de repertório local. Um cliente comprou ingressos antecipados para três das sete peças a serem apresentadas em seu teatro nessa temporada.

Os ingressos custam $35,00 cada um. Veja se ele se interessaria em comprar uma assinatura para a temporada por um total de $200,00 por pessoa.

Cenário Dois

Você trabalha em uma loja de roupas. Um cliente está prestes a comprar dois pares de meias por $4,99 o par. A loja está tendo uma promoção de cinco pares por $19,99. Veja se o cliente estaria interessado em aumentar o número de pares para economizar dinheiro.

Cenário Três

Você trabalha em uma loja de computadores e está respondendo perguntas do Jim sobre seu computador mais barato. Parece que preço é muito importante para Jim, mas você sabe que um computador que custa $150,00 a mais também inclui três pacotes de software que podem ser úteis. Esse upgrade economizaria $650,00 para Jim relativamente ao preço do computador mais barato mais o software. Veja se Jim está interessado nesse upgrade.

Cenário Quatro

Você vende suprimentos para restaurantes. Um cliente regular deseja pedir uma caixa de copos de papel de 200ml e uma de copos de 300ml. Você tem uma promoção no momento: Se um cliente pedir quatro caixas de quaisquer copos, ganhará uma quinta caixa de graça.

Você Quer Fritas com Seu Hambúrguer?

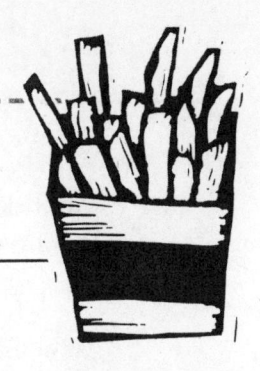

Em Resumo

Vendedores aprendem como e quando realizar vendas horizontais (cross-selling) enquanto falam com clientes. Este jogo é ideal para vendedores que têm a oportunidade de aumentar o valor de pedidos usando esta técnica.

Tempo

De 5 a 10 minutos.

O Que é Necessário

Uma cópia da folha na página 187 para cada participante. Uma cópia da página 188 para cada oito participantes. Um chapéu, uma caixa ou uma cesta.

O Que Fazer

Distribua e reveja a folha da página 187. Diga aos participantes que estarão trabalhando em duplas para praticar vendas horizontais.

Recorte as cópias da página 188 em cenários individuais e coloque-os no chapéu, na caixa ou na cesta. Divida os vendedores em duplas e peça a cada dupla que retire um cenário do chapéu.

As duplas deverão trabalhar em conjunto para praticar vendas horizontais. Por exemplo, suponha que o cenário diga: "O cliente pede uma cartola. Veja se o cliente também está interessado em luvas ou em uma bengala."

"Por falar nisso Sr. Astaire, temos também luvas de alta qualidade e uma bengala maravilhosa que ficariam espetaculares com sua cartola. Gostaria de saber mais sobre elas?"

Dê às duplas de 2 a 3 minutos para desenvolverem suas declarações e, então, peça que compartilhem suas declarações em voz alta.

Se Tiver Mais Tempo

Jogue novamente, dessa vez com cenários de produto de sua própria empresa que tenha preparado com antecedência.

Se Estiver por Conta Própria

Reveja a página 187 e, então, desenvolva declarações de vendas horizontais para cada cenário da página 188. Quando terminar, considere quais de seus próprios produtos são adequados para vendas horizontais e desenvolva algumas declarações para ajudá-lo a fazer vendas cruzadas em sua próxima visita de vendas.

FOLHA PARA DISTRIBUIÇÃO

Vendas Horizontais (Cross-selling)

Quando você realiza vendas horizontais (cross-selling), você aumenta o valor de um pedido vendendo ao cliente produtos complementares. Ao realizar vendas horizontais, você deve sempre ressaltar um benefício para um cliente. Nós sublinhamos os benefícios nos exemplos abaixo para mostrar o que queremos dizer. Vendas horizontais são mais ou menos assim:

Sabe, Nancy, muitos de nossos clientes que pedem nosso software "Poster Maker" também gostam de comprar o pacote de clip-art de luxo de $12,95. É um excelente negócio, é muito fácil de usar e oferece 250 imagens que tornam seus pôsteres realmente lindos. Gostaria que lhe enviasse o clip-art juntamente com o "Poster Maker?"

Confirmando, vou enviar-lhe 144 fitas cassete XR-90 de noventa minutos. Por falar nisso, temos uma promoção de nossas fitas XZ-60 de sessenta minutos e você pode economizar 15%. Você usa fitas de sessenta minutos?

Essa camisa fica fantástica no senhor, Sr. Zot. Deixe-me lhe mostrar uma gravata que ficará linda com ela. O bom dessa gravata é que não só combina com esta camisa, mas também pode ser usada com uma camisa azul ou branca. É muito versátil e é uma gravata de boa qualidade a um preço muito acessível. Gostaria de adicioná-la a seu guarda-roupa?

Os passos para vendas horizontais são os seguintes:

1. Faça uma declaração para unir o produto que o cliente pediu ao produto que deseja vender horizontalmente.

2. Descreva o produto que deseja vender horizontalmente e ressalte seus benefícios.

3. Peça ao cliente que o compre.

RECORTE

Venda Horizontal (Cross-Selling)

Cenário Um

Jermaine Montez comprou duas passagens para um cruzeiro de 15 dias para as Ilhas Virgens. Você sabe que ele e sua esposa gostam de mergulhar. Veja se gostariam de um mergulho guiado no parque subaquático ao largo de St. John, um dos mais lindos cenários subaquáticos disponíveis no Caribe. É de quatro horas, inclui um almoço de piquenique e custa $150,00 por pessoa.

Cenário Dois

A Srta. Pottsbough acaba de pedir um acessório de escritório muito caro de seu catálogo e acessórios exclusivos para mesas de escritório. Veja se estaria interessada no conjunto de canetas e bandeja para correspondência acompanhantes. O conjunto completo acaba de ganhar o cobiçado prêmio Milano para acessórios de escritório e há apenas 250 conjuntos disponíveis. O preço do conjunto de canetas e bandeja para correspondências no varejo é de $685,00.

Cenário Três

Jimmy Rae Jones acaba de assinar seu serviço semanal Corte-e-Apare para gramados. Você sabe que gramados ficam mais bonitos e fáceis de cuidar com o tempo se seu produto patenteado Capine-e-Alimente for aplicado trimestralmente. Esse serviço adicional acrescenta $25,00 à conta mensal, mas pode economizar dinheiro e tempo de capinação e re-semeadura.

Cenário Quatro

Mossie Smart está olhando sua loja em busca de tecido para cortinas. Está claro que ela está incerta quanto a como costurar as cortinas ela mesma. Você também oferece serviços de costura e embora custaria $400,00 a Mossie se mandasse fazer as cortinas, o tecido custa $700,00 e poderia ser facilmente estragado por um erro de corte ou costura.

A Dúzia é Mais Barata

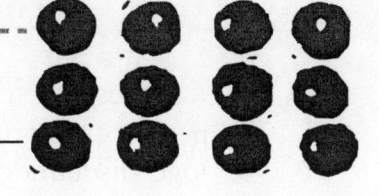

Em Resumo

Vendedores trabalham em conjunto para identificar vantagens para clientes que comprarem quantidades maiores de produtos selecionados. Esse jogo é ideal para pessoal de vendas novo ou relativamente inexperiente – ajuda as pessoas a compreender o princípio básico de vendas que é a venda vertical.

Tempo

De 10 a 15 minutos.

O Que é Necessário

Uma transparência ou um *flipchart* com as informações na página 191. Os participantes precisarão de papel e caneta.

O Que Fazer

Estabeleça o jogo perguntando ao grupo que produtos ele compra em grande quantidade e por quê.

Divida os vendedores em equipes de duas ou três pessoas e revele a transparência ou o *flipchart*. Peça que relacionem vantagens para os clientes que compram maiores quantidades de produtos. Encoraje-os a elaborar vantagens múltiplas para cada produto.

Avise aos vendedores que as vantagens não precisam ser só para compradores individuais. Devem considerar o fato de que o comprador pode ser uma empresa ou outra organização.

Após sete a dez minutos, repasse a lista de produtos e peça a cada grupo que vantagens identificaram. Encerre o jogo discutindo as vantagens para clientes na compra de grandes quantidades dos produtos representados pelos vendedores.

Se Estiver por Conta Própria

Reveja a lista de produtos na página 191. Para cada item, tente identificar pelo menos três vantagens na compra de grandes quantidades.

TRANSPARÊNCIA

A Dúzia é Mais Barata

- **Toalhas de papel**
- **Cartuchos para impressoras**
- **Canetas**
- **Água mineral**
- **Ingressos de cinema**
- **Meias**
- **Computadores**

A Ortografia Conta

Atividades para Excelência em Comunicação nos Bastidores

Onde Está Whally?

Em Resumo

Participantes recebem uma carta de vendas repleta de erros gramaticais comuns e devem identificar e substituir quantos puderem.

Tempo

10 minutos.

O Que é Necessário

Uma transparência ou *flipchart* com as informações na página 197. Uma cópia da carta na página 198 para cada participante.

O Que Fazer

Inicie a atividade realizando uma breve discussão sobre a importância de boa comunicação escrita entre vendedores e seus compradores. Por que importa? O que causa a má redação de cartas? Quais os elementos essenciais da boa comunicação escrita?

Distribua a carta e diga aos vendedores que trabalhem sozinhos ou em duplas para identificar e corrigir os erros. Diga-lhes que sigam as diretrizes no *flipchart*. Nota: Se estiver realizando esta atividade com um grupo especialmente competitivo ou perfeccionista, poderá ter que orientá-lo quanto a até onde deve ir com suas correções. Avise-o de que o conteúdo da carta está ótimo, mas que há vários erros comuns óbvios na redação.

Uma vez terminada a atividade, pergunte aos vendedores quais os erros que encontraram e como os corrigiram. Use a carta na página 199 como gabarito.

Se Estiver por Conta Própria

Leia as instruções na página 197. Reveja a carta na página 198 e faça as correções adequadas. Quando terminar, verifique suas respostas na página 199.

TRANSPARÊNCIA

Instruções

Faça:

- Corrija a ortografia
- Corrija a pontuação
- Corrija os erros gramaticais

Não faça:

Rescrever a carta

Copiers R Us
463 Toner lane
Oakville, CA 92665 - 800-555-3346

1 Março, 1999

Srta. Susan Lewis,
Artwald Enterprises
31 Roughy Road
Lakeville, CA 92199

Presada Susan:

Obrigado pelo seu tempo no telefone quita feira passada: Gostei muito de nossa conversa e estou ansioso para me encontrar com você pessoalmente às 09:00h na manhã de 14 Março.

Parece-me que a ProGen 2700 é perfeita para atender às suas nessecidades em termos de fotocopiadoras. é projetada para grande volume de uso e tem um histórico espetacular em termos de manutenção. Melhor de tudo, o preço da da fotocopiadora está dentro de seu orçamento!

Estou anexando alguns folhetos sobre o ProGen 2700 e seus produtos perifericos. Fique a vontade para me ligar a qualquer hora no 619/555-9047 se tiver alguma pregunta.

Atensiosamente,

Brad

Brad Forseth
Associado de Vendas

Copiers R Us 463 Toner lane
Oakville, CA 92665 - 800-555-3346

(1º de março de 1999)
1 Março, 1999

(remover vírgula)
Srta. Susan Lewis,
Artwald Enterprises
31 Roughy Road
Lakeville, CA 92199

(deve ser substituído por um ponto)
Presada Susan:
(Prezada) *(quinta-feira)*

Obrigado pelo seu tempo no telefone quita feira passada: Gostei muito de nossa conversa e estou ansioso para me encontrar com você pessoalmente às 09:00h na manhã de 14 Março.

(redundante. A hora já se refere ao período da manhã: 9 horas)
Parece-me que a ProGen 2700 é perfeita para atender às suas nessecidades em termos de fotocopiadoras. é projetada para grande volume de uso e tem um histórico espetacular em termos de manutenção. Melhor de tudo, o preço da da fotocopiadora está dentro de seu orçamento!
(necessidades) *("da" repetido)* *(maiúscula)*

Estou anexando alguns folhetos sobre o ProGen 2700 e seus produtos perifericos. Fique a vontade para me ligar a qualquer hora no 619/555-9047 se tiver alguma pregunta. *(pergunta)*
(substituir por traço) *(falta acento agudo)* *(falta crase)*

Atensiosamente,
(Atenciosamente)

Brad
Brad Forseth
Associado de Vendas

Capítulo 11 – A Ortografia Conta **199**

Curto, Gentil e Objetivo

Em Resumo

Vendedores trabalham em conjunto para rescrever uma declaração prolixa de forma que mais concisamente transmita benefícios de vendas.

Essa atividade é adequada para pessoal de vendas que vende produtos complexos e que necessitam transmitir benefícios de produtos a compradores de forma concisa. Também é ideal para vendedores novos que precisam aprender a ser concisos.

Tempo

De 10 a 15 minutos.

O Que é Necessário

Uma cópia da folha na página 203 para cada vendedor. Uma caneta para cada um dos participantes.

O Que Fazer

Divida os participantes em equipes de duas ou três pessoas. Reveja o conceito de atributos e benefícios e lembre-os de que compradores precisam ouvir benefícios que sejam fortes, claros e concisos.

Distribua uma folha a cada vendedor. Peça que trabalhem em suas equipes para rescrever cada uma das duas declarações para que resultem em declarações de benefícios fortes, claras e concisas.

Enquanto as equipes estiverem rescrevendo suas declarações, dê uma olhada nas respostas possíveis na página 204. Suas respostas devem assemelhar-se a essas.

Após cerca de cinco minutos, peça a cada equipe que apresente sua declaração corrigida. Peça ao grupo que vote na declaração mais clara e concisa. Ofereça uma pequena recompensa ou reconhecimento à equipe vencedora.

Dê às equipes mais alguns minutos para reverem a segunda declaração e fazerem quaisquer mudanças que julgarem convenientes para melhorá-la. Então, peça que cada equipe apresente sua segunda declaração. Mais uma vez, peça que votem e ofereça um prêmio à equipe vencedora.

Se Estiver por Conta Própria

Rescreva as declarações na página 203 para que se tornem declarações de benefícios fortes, claras e concisas.

FOLHA PARA DISTRIBUIÇÃO

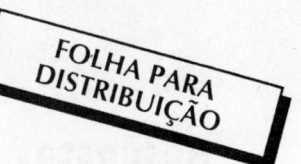

1. Bem, Sr. Barrows, se decidir pelas nossas lanternas Sempre Alerta, parece que poderia custar menos do que está pagando agora – e elas são verdadeiramente confiáveis. Acho que disse que atualmente consegue cerca de dez grosas a cada trimestre e paga cerca de $6,50 cada uma. Se levar as nossas, poderia economizar cerca de $1,00 em cada uma. (Nota: Há 144 em cada grosa.)

_____

_____

_____

_____

_____

2. Bem, se tiver que ligar para seu serviço de mensageiro atual e depois esperar até que colete tudo em seu bairro e o consolide antes que possa pegar a sua encomenda, aposto que, às vezes, isso é frustrante. Como sabe, podemos apanhar as coisas sempre que nos ligar. Na verdade, garantimos que estaremos aí em duas horas após a sua ligação. Como trabalha por conta própria e às vezes está fora do escritório, você disse que pode ficar complicado. Quando isso acontecer, você pode deixar sua encomenda em nosso escritório aqui na mesma rua se assim for mais fácil. O que lhe deixar mais feliz!

_____

_____

_____

_____

_____

Respostas Possíveis

1. Sr. Barrows, se mudar para a lanterna confiável Sempre Alerta, poderá economizar perto de $6 mil por ano.

2. Você é um profissional ocupado e respeitamos seu tempo oferecendo duas opções convenientes. Ou pegamos sua encomenda dentro de duas horas após sua ligação, ou você pode deixá-la em nosso escritório. Fica a apenas duas portas de seu escritório.

Perguntas Comuns

Em Resumo

Vendedores trabalham em grupos para responder perguntas básicas – quem, o quê, onde, quando, por que e como – sobre seus produtos. Este jogo é ideal para instruir vendedores novos e para aumentar o conhecimento do pessoal de vendas sobre novos produtos para que possam escrever ou falar sobre seu produto ou serviço de forma clara e concisa.

Tempo

De 5 a 15 minutos, dependendo do número de rodadas a serem jogadas.

O Que é Necessário

Várias folhas de papel de *flipchart* e canetas pilot. Uma transparência ou *flipchart* contendo as informações na página 207.

O Que Fazer

Identifique um ou mais produtos que serão descritos durante o jogo. Planeje concluir uma rodada do jogo para cada produto distinto.

Divida o grupo em seis duplas ou equipes e dê a cada uma delas uma folha de papel de *flipchart* e uma caneta pilot. Mostre a transparência ou o *flipchart* com as informações da página 207 e atribua uma das perguntas a cada equipe.

Nota: Se o grupo for constituído por menos que doze pessoas, estabeleça menos equipes e atribua a cada equipe mais de uma pergunta.

Diga ao grupo que irá anunciar um produto e que sua tarefa é responder à pergunta atribuída o mais completamente possível. Anuncie o produto e permita um tempo adequado para que preparem a resposta (o tempo variará em conformidade com a complexidade do produto e o conhecimento do pessoal de vendas). Encoraje-os a pensar "fora da caixa" ao fazerem o *brainstorming* em busca de respostas.

Após alguns minutos, peça a cada equipe que relate suas respostas ao grupo.

Para cada nova rodada, distribua uma nova folha de papel de *flipchart* e atribua uma pergunta diferente a cada equipe.

Se Estiver por Conta Própria

Considere cada um de seus principais produtos ou serviços e responda às perguntas na página 207. Desenvolva respostas claras e sucintas que possa utilizar em comunicação escrita e verbal.

TRANSPARÊNCIA

Perguntas Comuns

- **Para quem é?**

- **O que faz?**

- **Onde é usado?**

- **Quando é usado?**

- **Por que é usado?**

- **Como é usado?**

12
Entre!

Jogos para Melhorar Vendas no Varejo

Se Pudesse Fazer Alguma Coisa

Em Resumo

Duplas competem em um concurso simulado para descobrirem idéias para promover seus produtos e realizar vendas. Esse jogo objetiva fazer com que os vendedores comecem a pensar criativamente sobre as muitas maneiras de atrair clientes e servir suas necessidades. O concurso funciona melhor tendo de cinco a oito duplas e é adequado para pessoal de vendas de todos os níveis.

Tempo

De 15 a 20 minutos.

O Que é Necessário

Faça uma cópia das empresas fictícias na página 213 e 214. Recorte as folhas para que obtenha vários pedaços de papel, cada um com uma empresa. Precisará também de um chapéu ou tigela ou cesta para colocar os pedaços de papel e de onde os participantes poderão retirá-los aleatoriamente.

O Que Fazer

Diga ao grupo que estará participando de um Concurso de Vendas Criativas patrocinado pela associação empresarial comunitária local. Receberão uma empresa fictícia para representar e trabalharão em duplas para desenvolver uma idéia para o concurso.

O propósito do concurso é a criação de idéias que promovam a empresa e, ao mesmo tempo, ofereçam algo especial aos clientes. Encoraje os participantes a serem o mais criativos que puderem na elaboração de suas idéias. Não há restrições orçamentárias, mas as idéias devem ser "razoáveis" e ter relação com a empresa. Por exemplo, um armazém não poderia oferecer cachorrinhos de graça.

Compartilhe a amostra a seguir com os participantes, para que tenham uma idéia de como o jogo funciona:

Nome da empresa: Banco Milênio

Linha de negócios: Banco

Idéia: Vamos dar uma conta corrente vitalícia livre de taxas bancárias a cada 2 mil pessoas que abrirem uma conta corrente ou de poupança Milênio.

Designe duplas e peça a um representante de cada uma que escolha um papel do "chapéu". Permita cerca de dez minutos para que os participantes elaborem idéias e, então, rode a sala fazendo com que cada dupla anuncie sua empresa e sua idéia. A seguir, peça que votem para ver quem ganhou o concurso.

Se Tiver Mais Tempo

Após a atividade, peça às duplas que desenvolvam idéias criativas para seus próprios produtos ou serviços a clientes.

RECORTE

Nome da empresa: ***O Jogo da Vida***

Linha de negócios: **Fabricante de material esportivo**

Idéia: _____

_____

_____

Nome da empresa: ***Quo Vadis?***

Linha de negócios: **Serviço de transportes**

Idéia: _____

_____

_____

Nome da empresa: ***Netware***

Linha de negócios: **Provedor de serviços Internet**

Idéia: _____

_____

_____

Nome da empresa: ***A Bela e a Fera***

Linha de negócios: **Suprimentos para salões de beleza e barbearias**

Idéia: _____

_____

_____

RECORTE

Nome da empresa: **Me Ligue**

Linha de negócios: **Serviço de telefonia celular**

Idéia: _____

_____

_____

Nome da empresa: **Editora Página Um**

Linha de negócios: **Distribuidora de livros**

Idéia: _____

_____

_____

Nome da empresa: **Recapeados de Luxo**

Linha de negócios: **Carros de luxo usados**

Idéia: _____

_____

_____

Nome da empresa: **O Zoológico Municipal**

Linha de negócios: **Um dos maiores zoológicos do país**

Idéia: _____

_____

_____

Entre!

Em Resumo

Este é um jogo rápido e divertido que pode ser jogado a qualquer momento para energizar vendedores de varejo e ajudá-los a injetar criatividade e entusiasmo em seu trabalho. O objetivo deste jogo é ajudar vendedores de varejo a encontrar novas maneiras de saudar e abordar clientes.

Tempo

De 2 a 5 minutos.

O Que é Necessário

Uma pequena bola macia ou objeto similar.

O Que Fazer

Peça aos participantes que fiquem de pé em círculo com alguma distância entre si e diga-lhes que irão praticar a elaboração de alternativas à frase padrão "Posso ajudá-lo?" Quando alguém pegar a bola, deverá responder com uma declaração que possa ser usada para ajudar e abordar clientes.

Comece o jogo lançando a bola para alguém e continue até que todos tenham tido pelo menos uma oportunidade para responder.

Dica! Este jogo pode ser usado para dar aos vendedores a chance de praticar outros aspectos de seu trabalho também: agradecerem clientes, despedirem-se de clientes, vendas horizontais, vendas verticais etc.

Se Estiver por Conta Própria

Desenvolva algumas alternativas à frase padrão "Posso ajudá-lo?" Para ajudá-lo a pensar em alternativas, faça *brainstorming* com um amigo ou com outro vendedor.

Aqui Se Fala Serviço

Em Resumo

Nessa atividade, vendedores fazem *brainstorming* em busca de idéias criativas para servir seus clientes. Essa atividade é melhor para pessoal de vendas que tenha uma compreensão clara de serviço a clientes.

Tempo

De 10 a 15 minutos.

O Que é Necessário

Um *flipchart* ou quadro branco e caneta pilot. Papel em branco.

O Que Fazer

Divida os participantes em grupos de três ou quatro pessoas. Peça que imaginem que estabeleceram as regras com relação ao que poderia ser feito para seus clientes.

Pergunte-lhes que medidas – pequenas ou grandes – poderiam empreender para melhor servir seus clientes.

Peça que sejam específicos. Por exemplo, em vez de dizer "Teria provadores mais limpos", deveriam dizer "Estabeleceria um rodízio para que um de nós retire as roupas dos provadores a cada 30 minutos".

Dê a cada grupo uma folha de papel em branco para registrarem seus pensamentos.

Após cinco minutos, peça a cada grupo que relate os resultados de seu *brainstorming*. Relacione as respostas em um *flipchart* ou quadro branco.

Determine que idéias podem ser implementadas imediatamente e peça aos participantes que as coloquem em prática. Para as idéias que necessitem de pesquisa adicional e/ou aprovação da gerência, faça uma lista para ser avaliada junto com a gerência. Certifique-se de que os participantes saibam o resultado.

Se Estiver por Conta Própria

Elabore uma lista de medidas – pequenas ou grandes – que poderia adotar para oferecer melhor serviço a seus clientes. Coloque em prática as que puder implementar por conta própria de imediato. Discuta as restantes com seu gerente.

Torne a Coisa Pessoal

Em Resumo

Este jogo ajuda o pessoal de vendas a se conscientizar de que há, literalmente, centenas de maneiras pelas quais podem impressionar e encorajar compradores potenciais. Cada vendedor usa as letras de seu nome para elaborar uma ação ou um comportamento que o ajude em situações de vendas. É uma atividade divertida para usar como complemento ou como aquecimento para uma sessão de treinamento de vendas mais intensa.

Tempo

10 minutos.

O Que é Necessário

Cada vendedor precisará de uma folha de papel e uma caneta. Você precisará de um *flipchart* ou quadro branco e canetas pilot.

O Que Fazer

Diga a cada vendedor que escreva seu nome verticalmente ao longo do meio de uma folha de papel. Demonstre escrevendo o seguinte em um *flipchart* ou quadro branco.

M
A
R
I
A

Agora, a tarefa é usar cada letra de seu nome para elaborar uma ação que possam adotar para impressionar ou encorajar compradores potenciais. Cada letra de seu nome deve iniciar uma palavra na frase de ação, mas não precisa ser necessariamente a primeira palavra da frase. Ações podem ser expressas positivamente (Faça...) ou negativamente (Não faça...).

Por exemplo:

Mantenha uma aparência Maravilhosa.

Atenda com educação.

Respeite suas necessidades.

Identifique os benefícios.

Agrade o cliente.

Encoraje o grupo a se divertir com essa atividade e a ser o mais criativo possível. Vale quase tudo!

Após sete ou oito minutos, peça a alguns voluntários que compartilhem seus resultados. Ressalte que há centenas, até milhares, de maneiras de obter a venda.

Dica! Se os participantes gostarem de seus resultados, podem afixá-los em suas estações de trabalho.

Se Estiver por Conta Própria

Siga os passos acima e repita a atividade duas ou três vezes para que obtenha uma variedade de ações.

Sobre as Autoras

Peggy Carlaw é fundadora e presidente da *Impact Learning Systems International* (ILSI), uma empresa de treinamento e consultoria com sede na Califórnia.

Vasudha Kathleen Deming trabalha na ILSI como projetista instrucional e consultora em treinamento especializada em vendas, serviço a clientes e suporte técnico.

Outros Títulos Sugeridos

O Grande Livro de Jogos para Treinamento de Atendimento ao Cliente

Autoras: Peggy Carlaw e Vasuda Kathleen Deming

Este não é um livro para ler, mas para usar. Os jogos apresentados são divididos em dois grupos: rápidos, ideais para aumentar a consciência dos participantes a respeito de questões importantes na atividade de atendimento ao cliente; e os mais complexos, que ensinam uma técnica específica, que dá aos participantes a oportunidade de testá-la em ambientes informal. Os jogos foram elaborados pelas autoras para treinamento de profissionais, que lidam diretamente com o cliente, tais como vendedores, atendentes, suporte técnico, telemarketing, recepcionistas, dentre outros.

Páginas: 228
Formato: 16 x 23 cm

Outros Títulos Sugeridos

Focalização de Jogos em T&D

Autoras: Magda Vila e Paula Falcão

Trata-se de um manual prático de aplicação de jogos em T&D. Mostra detalhadamente como acontece o processo de planejar e executar o treinamento, indicando os motivos, quando, como e quais tipos de jogos são mais eficientes para que o indivíduo que está sendo treinado possa transferir sua experiência com o jogo para o seu dia-a-dia profissional.

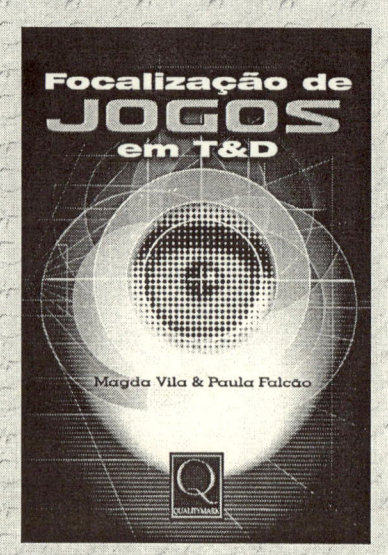

Páginas: 136
Formato: 16 x 23 cm

Outros Títulos Sugeridos

Jogos, Dinâmicas & Vivências Grupais

Autores: Albigenor & Rose Militão

Este é um livro que pretende aprimorar a performance do facilitador, visando um maior conhecimento dos fenômenos que ocorrem nos grupos e suas características. Os autores explicam que, apesar de terem caracterizado bem o que seja dinâmica, jogo, técnica e vivência, o facilitador deve estar atento quando uma dinâmica, aparentemente simples, como um aquecimento ou uma apresentação, desencadeiam emoções fortes e exijam uma intervenção terapêutica, se caracterizando como uma vivência.

Páginas: 248
Formato: 22 x 22 cm

Outros Títulos Sugeridos

Histórias e Fábulas Aplicadas a Treinamento

Autores: Albigenor e Rose Militão

A forma mais agradável de transmitir um ensinamento é por meio de histórias e fábulas. Ao mesmo tempo em que emocionam, estimulam o aprendizado e a reflexão. Não é à toa que elas vêm se difundindo como uma ferramenta eficaz de treinamento. Agora, os profissionais da área podem contar com um recurso extra: uma obra que reúne esses textos, com explicações do porquê e o do para quê de cada um deles, além de orientações de como utilizá-los nos treinamentos de grupos.

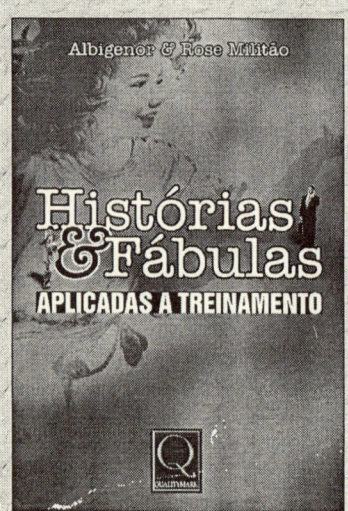

Páginas: 160
Formato: 16 x 23 cm

Outros Títulos Sugeridos

Train Smart
Ensinando e Treinando com Inteligência

Autor: Rich Allen

A obra é resultado da experiência de mais de 20 anos de estudos e prática como professor e treinador profissional. O livro é divido em três partes: na primeira, Allen introduz a abordagem do Treinamento Inteligente – os pilares e os fundamentos sobre os quais o modelo está construído; na segunda, ele mostra os 25 conceitos-chave que transformam o modelo em aplicações práticas para a implementação imediata. Na terceira, apresenta algumas metáforas que servem para fixar os conhecimentos na mente dos alunos por muito tempo após o término do treinamento.

Páginas: 184
Formato: 16 x 23 cm

Entre em Sintonia com o Mundo

QualityPhone

0800-263311

☎ Ligação Gratuita

Qualitymark Editora Ltda.

Rua Teixeira Júnior, 441
São Cristóvão. CEP 20921-405 - RJ
Tel.: (0XX21) 3860-8422 ou 3094-8400
Fax: (0XX21) 3094-8424

www.qualitymark.com.br
E-mail: quality@qualitymark.com.br

DADOS TÉCNICOS

FORMATO:	16 x 23
MANCHA:	12 x 19
FONTE TÍTULOS:	Humanst521xBdBt
FONTE TEXTOS	CG Omega
CORPO:	12
ENTRELINHA:	14
TOTAL DE PÁGINAS:	240

ARMAZÉM DAS LETRAS

Rua Prefeito Olímpio de Melo, 1599 - CEP 20930-001
Rio de Janeiro - RJ - Tel.: (21) 3860-1903
e.mail: arm.letras@openlink.com.br